Stefanie Schulz
Daniel Quinlan

Crazy days – und viel Theater

Eine deutsch-englische Geschichte

Rowohlt Taschenbuch Verlag

Originalausgabe
Veröffentlicht im Rowohlt Taschenbuch Verlag,
Reinbek bei Hamburg, Januar 2008

Lektorat Christiane Steen
Umschlaggestaltung any.way, Barbara Hanke/Cordula Schmidt
Umschlagillustration Volker Fredrich
Satz Minion PostScript (InDesign)
bei Pinkuin Satz und Datentechnik, Berlin
Druck und Bindung Druckerei C. H. Beck, Nördlingen
Printed in Germany
ISBN 978 3 499 21433 2

Inhalt

Chapter One –
Überraschung!

Der Schulbus aus der Stadt fuhr gemächlich die alte Dorfstraße entlang. An der Haltestelle kam er zum Stehen. Vorder- und Hintertür öffneten sich, doch nur ein einziges Mädchen sprang die Stufen herunter auf die Straße. Ihre Haare waren lang und leuchtend rot, sie trug Jeans und ein türkisfarbenes Top mit Spaghettiträgern. Weil die Sonne schien, hatte sie ihre Jacke ausgezogen und in ihren Rucksack gestopft. «Tschüss, Jana, bis heute Nachmittag!», hörte sie eine Stimme aus dem Bus rufen, während sich die Türen hinter ihr schlossen. Jana Fischer drehte sich um und winkte ihrer besten Freundin Maike zu. Dann setzte sich der Bus wieder in Bewegung. Jana überquerte die Fahrbahn und ging schnell die letzten Meter bis nach Hause.

Der Bürgersteig war wie leergefegt. Auch vor den hübschen Häusern, die die Straße säumten, sah sie keine Menschenseele. Nur eine Katze strich lautlos durch den schönen Blumengarten, den eine Nachbarin gepflanzt hatte. Aus der Ferne hörte Jana das tuckernde Geräusch eines Treckers und irgendwo muhte eine Kuh. Sie lächelte. Nirgendwo auf der Welt konnte es einen Ort geben, der gemütlicher war als Klein-Niederfelden!

Während sie ihr Schlüsselbund aus der Tasche holte und die

Haustür aufschloss, schaute Jana noch einmal zurück zur Straße. Immer noch war es ganz ruhig. Ein Glück, dachte sie, dass wir nicht mitten in der großen Stadt wohnen! Natürlich ging sie hin und wieder gern in den vielen großen Läden einkaufen oder sah sich einen neuen Film im riesigen Kino der Stadt an, aber noch lieber kam sie danach in ihr freundliches, hübsches, friedliches Klein-Niederfelden zurück. Dafür nahm sie gerne die Viertelstunde Anfahrt mit dem Bus in Kauf. Eigentlich, dachte Jana, waren die Busfahrten meistens sogar richtig lustig, schließlich war sie nie allein unterwegs: Maike wohnte in einem noch kleineren Dorf, noch ein paar Kilometer weiter von der Stadt entfernt. Und vor fast vier Jahren, in der fünften Klasse, waren sie die beiden einzigen Neuen in der großen Schule in der Stadt gewesen. Seit dem ersten Tag hatten sie im Unterricht nebeneinandergesessen und waren jeden Tag zusammen mit dem Bus hin- und hergefahren. Sie verbrachten fast jeden Nachmittag zusammen. Langweilig wurde es nie, denn ihnen fiel immer etwas ein, das sie unternehmen konnten. Und natürlich gingen sie zweimal in der Woche nach der Schule zusammen zur Theater-AG. Ohne Maike, dachte Jana, wär's hier echt nur halb so schön.

Im Haus ließ Jana Rucksack und Schuhe auf dem Weg zur Küche einfach im Flur stehen. Schnell etwas zu essen aufwärmen, Hausaufgaben machen und dann wieder zurück zum Bus. Denn schon in zwei Stunden war sie mit Maike zum Eisessen verabredet.

At the same time in the city of Boulder in Colorado, Jake Ramirez's alarm clock rang. The loud, shrill sound wasn't enough to get Jake out of bed. He sat up slowly and, without opening his eyes, he hit the alarm clock with his right hand. The terrible sound stopped and Jake lay down again. He knew he had to get up. It was 6:30 – time for breakfast. The school bus was leaving at seven o'clock. He could hear his family downstairs in the kitchen. Everyone was up. But he was so tired! And his bed was so comfortable! As he made plans to wake up – really soon! – he fell back into deep sleep.

Twenty minutes later, Jake heard another loud sound. This time, it was not the alarm clock. Someone was in his room, shouting.

«Jake!» He heard his twin sister's voice. «Get up! Now! We'll miss the bus!»

Jake rolled out of bed.

«OK, OK, Katie,» he mumbled, «I'm up …»

Very quickly, Jake washed his face, brushed his teeth and put on a pair of jeans, a T-shirt and some running shoes. There was no time for breakfast or a shower, so he put a baseball cap over his messy hair. He grabbed his backpack and ran out on the street with Katie.

The yellow school bus arrived at the same second they reached the bus stop.

Als Jana die Küchentür öffnete, blieb sie überrascht im Türrahmen stehen. Normalerweise fand sie mittags nur einen Zettel auf dem Tisch und ein vorgekochtes Essen im Kühlschrank. Ihre Eltern kamen immer erst am Nachmittag von der Arbeit, meistens sogar noch später. Heute aber waren ihre Mutter und ihr Vater zu Hause.

Die beiden, so schien es Jana, hatten den ganzen Vormittag hier gesessen. Zumindest entdeckte Jana auf dem Esstisch leere Kaffeetassen und die Brötchenkrümel vom Frühstück. Außerdem hatte ihre Mutter gar keins der schicken Kostüme an, die sie immer zur Arbeit trug.

«Hallo», sagte Jana, «was macht ihr denn hier?»

«Hallo, Schatz», antwortete ihre Mutter und lächelte.

«Hallo, Jana», sagte ihr Vater, «wie war es in der Schule?»

«Wie immer», sagte Jana, «aber warum seid ihr denn schon zu Hause? Ihr seid doch sonst nie mittags da!»

Jana bemerkte, dass ihr Vater ihrer Mutter einen Blick zuwarf.

«Wir …», setzte Herr Fischer an, «wir haben …»

«Wir mussten etwas sehr Wichtiges besprechen», fiel Janas Mutter ihm ins Wort.

«Genau», Janas Vater nickte. «Und wir müssen jetzt auch mit dir reden. Setz dich.»

Jana wurde die ganze Situation plötzlich etwas unheimlich. Seltsam genug, dass ihre Eltern mitten am Tag seelenruhig zu Hause saßen. Aber was konnte es bloß sein, das sie mit ihr besprechen wollten? Jana guckte ratlos zu ihrer Mutter. Die deutete auf die Sitzbank am Küchentisch. Zögernd setzte Jana sich.

«Jana», begann ihr Vater langsam, «Mama und ich haben

heute beschlossen, dass es eine große Veränderung für unsere Familie geben wird. Wir haben lange hin und her überlegt, aber jetzt haben wir uns entschieden.»

Jana verstand nur Bahnhof. Was redete ihr Vater da? Sie schaute wieder zu ihrer Mutter herüber.

«Meine Firma hat mir ein sehr gutes Angebot gemacht», erklärte Frau Fischer die Situation. «Ein Angebot, auf das ich schon lange gehofft hatte: Ich bin ausgesucht worden, die Leitung für ein völlig neuartiges Projekt zu übernehmen.» Janas Mutter strahlte.

«Das ist ja cool, Mama», sagte Jana. Sie freute sich für ihre Mutter. Aber sie verstand ganz und gar nicht, was das mit ihr zu tun hatte.

«Das Beste daran ist», fuhr Frau Fischer fort, «dass ich fast das Doppelte von dem verdienen würde, was ich jetzt bekomme. Wäre das nicht toll, Jana?»

Jana nickte begeistert. Vielleicht könnte sie dann endlich eine Taschengelderhöhung aushandeln …

«Es gibt nur einen Haken an der Sache», sagte Herr Fischer. Jana drehte sich zu ihrem Vater um.

«Wenn Mama die Stelle annimmt, können wir nicht hier in Klein-Niederfelden bleiben.»

Jana guckte erschrocken. «Wir müssen in die Stadt ziehen? Aber warum?»

Herr und Frau Fischer antworteten nicht sofort. Stattdessen schauten sie sich wieder an.

«Jana-Schatz», sagte Frau Fischer dann mit betont ruhiger Stimme. «Meine neue Stelle ist nicht hier in der Stadt. Sie ist in den USA. Wir ziehen in den Sommerferien nach Amerika.»

Jana merkte, wie ihr plötzlich schwindelig wurde.

Back in Boulder, Jake and Katie were sitting on their school bus. Jake was still tired, so he pulled his cap over his eyes and leaned against the window to sleep for a few more minutes. He was just getting really comfortable when Katie suddenly grabbed his arm.

«Look!» she pointed out of the window. «I can't believe it! The grandmas' house is for rent!»

«What? The grandmas' house? Why?» Jake asked. This surprise had woken him up. He looked out the bus window at the nice blue house some meters away from theirs. He saw that there was a big «For Rent» sign on the lawn in front of it.

«I heard Mom and Dad talk about it,» Katie explained. «The grandmas got too old to live together so they all moved out.»

«Oh, wow! I can't believe it!» Jake said and looked at his sister.

The grandmas' house had been the grandmas' house for as long as he could remember. Three old ladies had lived there. He had grown up with them around. Katie and he had often gone over there to get cookies, or sometimes even for dinner when their parents didn't have time. Jake remembered being very young and drawing a picture of their house and giving it to the ladies as a present. The grandmas had liked the picture so much that they had bought a big frame for it. Jake remembered seeing his picture on the grandmas' kitchen wall every time he went to their house. He now noticed that he had visited them less and less often as he had gotten older. He had not seen them in a long time.

Of course, the three ladies weren't really their grandmothers, but he and Katie liked them so much that they had just started calling each of them ‹grandma›, or together, ‹the grandmas›. And now the grandmas were gone. And their house was up for rent!

«Isn't it strange?» Katie asked. «It seemed like the grandmas would always be there. I mean, I know they were old, but it didn't seem like they were getting older. Do you know what I mean?»

Jake nodded. He had always felt that way about the three grandmas, too. Then he suddenly had a very different thought.

«Someone else is going to move into that house!» he said to his sister. «Can you imagine another family moving into the grandmas' house?»

Katie shook her head. «Absolutely not.»

Kapitel Zwei – **Exciting news**

Als Jana zwei Stunden später wieder zur Bushaltestelle ging, fühlte sie sich, als würde sie schlafwandeln. Wie automatisch ging sie den Fußweg entlang und überquerte die Straße. Die

Nachbarin, die ihr freundlich zuwinkte, bemerkte sie gar nicht und der Busfahrer guckte verwundert, als Jana ihm anstelle ihrer Busfahrkarte zuerst ihren Büchereiausweis unter die Nase hielt. Maike saß wie immer in der letzten Sitzreihe des Busses und freute sich, ihre beste Freundin zu sehen. Als Jana sich neben ihr in den Sitz fallen ließ, bemerkte sie sofort, dass etwas nicht stimmte.

«Was ist denn mit dir los?», fragte Maike besorgt. «Ist dir schlecht? Du bist ja ganz weiß im Gesicht!»

«Nein, nein», sagte Jana und schniefte. «Aber …»

«Aber was?», unterbrach Maike sie. «Hast du geweint? Du siehst aus, als hättest du ein Gespenst gesehen!»

«So fühle ich mich auch», sagte Jana und musste sich sehr zusammenreißen, um nicht gleich loszuheulen. «Du wirst nicht glauben, was gerade passiert ist!»

Maike guckte erwartungsvoll.

Jana atmete tief durch. «Meine Mutter hat einen neuen Job. Wir ziehen um.»

«Was? Wohin? Weg aus Klein-Niederfelden?», fragte Maike. Jetzt war sie es, die ganz entsetzt war.

Jana nickte traurig. «Du wirst es nicht glauben», wiederholte sie mit tonloser Stimme. «Ich kann's selber nicht glauben.»

Maike sah sie nur an.

«Wir ziehen in die USA», murmelte Jana und merkte, wie die Tränen kamen.

«Was?? Nein!!», rief Maike so laut, dass die anderen Fahrgäste sich nach ihnen umdrehten.

«Doch», schniefte Jana. «Wirklich.»

Maike sah jetzt aus, als ob sie auch gleich losheulen wollte. «Wann denn?», fragte sie leise.

«In vier Wochen», antwortete Jana. «Meine Eltern haben schon alles arrangiert.»

Maike schüttelte ungläubig den Kopf. Jana wusste auch nicht, was sie sagen sollte. Sie war viel zu durcheinander. Sie wischte ihre Tränen ab und verbrachte den Rest der Busfahrt damit, dumpf aus dem Fenster zu starren.

Erst als sie in der Stadt angekommen waren und sich in ihrem Lieblingscafé an ihren Lieblingstisch gesetzt hatten, begann Jana wieder zu sprechen.

«Meine Eltern sagen, dass sie sich alles genau überlegt haben. Meine Mutter verdient jetzt viel mehr Geld. Und mein Vater kann als Übersetzer ja auch von Amerika aus für seine Firma arbeiten. Und meine Mutter sagt allen Ernstes, dass ich mich freuen soll! Unglaublich, oder?»

Maike nickte fast unmerklich und starrte auf die Tischplatte.

«Aber …», fuhr Jana fort und schüttelte langsam den Kopf, «ich hab das, glaube ich, noch gar nicht richtig kapiert. Ich soll hier wegziehen? Und dann gleich in die USA? Das ist doch total verrückt!»

Maike sagte immer noch nichts.

Jana kullerte eine Träne über die Wange. «Maike, ich will nicht weg hier!», schluchzte sie.

Jetzt räusperte Maike sich. Jana bemerkte, dass auch ihre Augen ganz feucht aussahen. «Ich freu mich für dich», sagte Maike schließlich mit fester Stimme. «Mann, Jana, Amerika!

Das ist doch total cool!» Sie lächelte ihre Freundin tapfer an. «Aber», fuhr sie dann fort, «ich werd dich so vermissen! Was soll ich denn bloß machen ohne dich?»

Jana hatte einen Kloß im Hals. «Ich werde dich auch vermissen», schniefte sie.

Dann schwiegen die beiden wieder eine Weile.

«Wohin zieht ihr denn überhaupt genau?», fragte Maike schließlich.

«Nach Colorado», sagte Jana.

«Colorado? So wie das Weingummi?», fragte Maike und lächelte wieder ein bisschen.

Jana nickte und zwang sich auch zu einem Lächeln.

«Wo liegt das denn eigentlich?», fragte Maike weiter.

Jana kramte in ihrer Jackentasche und holte einen Zettel hervor. Um zu erklären, wo ihr neues Zuhause lag, hatte ihr Vater vorhin eine Skizze der USA gemacht. Sie legte die Zeichnung vor Maike auf den Tisch.

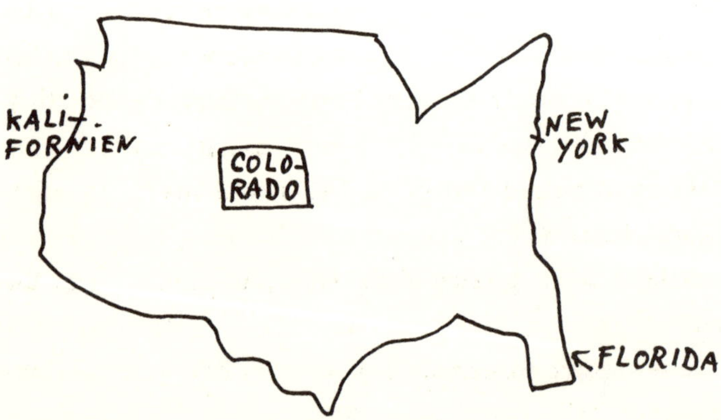

«Ganz schön weit weg», sagte Maike nur.

Jana nickte. «Meine Mutter sagt, dass es da total schön ist. Viele Berge und viel Natur, aber ein paar richtig coole Städte und so.»

Maike nickte. Sie sah wieder aus, als ob sie gleich weinen würde. Jana fühlte sich auch gleich wieder ganz verzweifelt.

«Am liebsten würde ich dich einfach mitnehmen», platzte sie heraus und nahm ihre Freundin in den Arm.

«Mhm», machte Maike nur und schniefte.

«Wir e-mailen uns so oft es geht, o.k.? Und am Computer chatten können wir auch!»

Maike nickte.

«Und du musst mir versprechen, dass du mich sofort besuchen kommst! O.k.?», sagte Jana.

«O.k.», antwortete Maike leise. «Versprochen.»

When Jake got out of school at five o'clock, he went back to the bus stop. Like every other day, he took the bus home with his twin sister. Although Katie and he were in the same grade, they did not have many classes together. After the summer, they would both be in the 9th grade. They would finally go to High School. Jake couldn't wait.

«Hey sis,» he greeted Katie when she climbed onto the bus.

«Hey,» Katie answered, «how was your day? Mine was fantastic!»

«Mine was alright,» Jake said, «nothing interesting happened. School is really boring!»

«Only two more days! Isn't it wonderful?» Katie said.

Jake smiled. There were just two days of school, then the summer break started. He almost couldn't wait.

The twins didn't say much for the rest of the ride. When they went past the grandma's house, Jake took another closer look at it. The house looked the way it had always looked. It was painted blue; it had big windows and a nice yard. But it seemed empty. Jake noticed something else: The «For Rent» sign was gone! That meant someone had already rented the grandmas' house! ‹Who is going to move in?› Jake wondered to himself again. Would it be a family? Would they have many kids? Would some other old ladies move in?

Katie seemed to be thinking about the same thing. «Let's make Mom and Dad tell us everything they know about the grandmas' house,» she said to her brother.

When Mrs. Ramirez called her children to dinner, Jake and Katie came to the table much quicker than usual. Their mom had made steak, vegetables, and potatoes. Their dad, Mr. Ramirez, was there, too. He was already eating.

«Mom, what's happening with the grandmas' house?» Katie asked as soon as she had sat down at the table.

Mrs. Ramirez smiled. «I remember when you and Jake were little children, you always loved the three old ladies, and you always called their house the grandmas' house. It's been so long since I heard you say that.» Mrs. Ramirez looked at Jake.

«Do you remember when you made that nice picture of their house?»

«Yeah, of course», Jake nodded. «But that was a looooong time ago.»

Before her mother could ask anything else, Katie continued, «We just talked about the three grandmas today. What is going on with their house?»

«The three ladies all moved in with their families. They are all really old now, one of them is almost ninety!» Mrs. Ramirez answered.

«But what about their house?» Jake asked.

«I only know,» his mother said, «that it's up for rent. There's a big sign in front of the house.»

«We saw the sign in the morning, Mom,» Katie said. «But now it's gone!»

Mr. Ramirez stopped eating his steak and spoke for the first time. «I heard that a family was going to move in: a mom, a dad, and a girl. That's what the neighbors are saying, anyway.»

«Oh, that's nice,» Mrs. Ramirez said.

«How old is the girl?» Katie asked.

«I don't know,» her dad answered. «All I know is that the family is not American. They're from Europe. From France I think … or from Germany? Or it might have been Denmark, too. I don't remember.» With that, Mr. Ramirez started eating again.

«Wow,» Jake thought to himself, «we're getting new neighbors from a far away country. That sounds pretty exciting!»

Chapter Three – **Fragen über Fragen**

Auch am nächsten Tag war Jana immer noch damit beschäftigt, ihre Gedanken zu sortieren. Sie saß in ihrem Zimmer, schaute aus dem Fenster auf die ruhige Dorfstraße und drehte sich dabei auf ihrem Schreibtischstuhl hin und her. Das half sonst immer beim Nachdenken. Sie war noch schrecklich traurig, aber nach dem Nachmittag mit Maike fühlte sie sich zumindest schon ein klitzekleines bisschen besser. Schließlich hatte Maike versucht, ihr Mut zu machen. Und es stimmte ja wirklich! Wer hatte schon die Möglichkeit, in ein fremdes Land zu ziehen? Vielleicht war das tatsächlich eine tolle Chance!

«Ich ziehe nach Amerika», sagte sie leise vor sich hin, um sich an den Gedanken zu gewöhnen. Es war immer noch kaum zu glauben. Am meisten würde sie Maike vermissen. Und dann all die anderen aus der Theater-AG. Theaterspielen war schon seit der Grundschule Janas größtes Hobby. Sie konnte sich nichts Schöneres vorstellen, als auf der Bühne zu stehen. Als Letztes hatte die Theater-AG die berühmte Komödie *Viel Lärm um Nichts* von Shakespeare einstudiert. Jana hatte die selbstbewusste Beatrice gespielt, eine ziemlich schwierige Rolle, auf die sie sehr stolz war, denn schließlich hatte sie bei allen drei Vorführungen riesigen Applaus bekommen. Im nächsten Schuljahr, in der neunten Klasse, hätte sie endlich eine Hauptrolle übernehmen sollen, das hatte Herr Bertold, der AG-Leiter, fest versprochen. Darauf hatte Jana sich schon sehr gefreut, denn die Hauptrolle hatte sie bisher noch nie gespielt. Tja, aber daraus wurde jetzt nichts! Ob es an amerikanischen Schulen wohl auch Theatergruppen gab? Und ob sie da so einfach mitmachen konnte? So als Neue? Und dann auch noch in einer fremden Sprache … Darüber hatte Jana noch gar nicht nachgedacht. Als Schulfach war Englisch ja ganz in Ordnung. Aber plötzlich lauter Fremde kennenzulernen, die gar kein Deutsch sprachen, das war etwas ganz anderes. Hoffentlich hatten die Leute in Colorado nicht so einen komischen Akzent …

Dann drehte Jana ihren Stuhl vom Fenster weg und schaute sich in ihrem Zimmer um. Sie hatte alles in ihrer Lieblingsfarbe dekoriert: Der Teppich, die Vorhänge und ihr Bettzeug waren türkis. Auf dem Sofa lagen türkisfarbene Kissen, und ins Regal hatte Jana türkisfarbene Duftkerzen gestellt. Ob sie überhaupt ihre ganzen Sachen mitnehmen konnte? Und was war mit den Möbeln? Mit ihrem Sofa, dem Schreibtisch und dem großen Bett? Das konnte man doch unmöglich alles einmal um die halbe Welt transportieren. Aber so wie sie ihre Eltern kannte, hatten sie das auch alles schon haarklein geplant.

When Jake came home from school the next day, he decided to do some spying. He really wanted to find out more about the people who were going to move into the grandmas' house. Maybe he could talk to some neighbors, or he could look through a window of the empty house. Maybe the new family had already brought some things. All he needed was a reason to walk around outside. Jake thought for a moment. Then he had an idea. He walked to the house across the street and rang the doorbell. A young woman with a baby on her arm opened the door.

«Hi Jake,» she said. She seemed happy to see him. «How are you?»

«Hi Mrs. Miquel,» Jake greeted her. «I was wondering if you needed anyone to go for a walk with Hector.»

«Oh! That would be absolutely perfect,» Mrs. Miquel smiled. «I don't have time to go myself, and Hector really needs to get outside.» She paused and raised an eyebrow. «You know I can't pay you, though.»

«Oh! No problem. I just thought it would be fun to take him out for a while.» Jake laughed, pleased with his coolness.

Mrs. Miquel turned around and walked back into the house, calling out «Hector, come here, boy! Hector!»

A big, white dog came running around the corner with his tongue hanging out and his claws clicking on the hardwood floor.

«Hey Hector,» Jake said and petted the dog. «Let's go for a walk!» The dog licked Jake's hand and jumped around happily.

«We'll be back soon,» Jake said to Mrs. Miquel and walked away with Hector. He stroked the dog's head and smiled to himself for having such a clever idea.

Als ihre Mutter am Abend von der Arbeit kam, überhäufte Jana sie mit Fragen. Wie sie sich gedacht hatte, waren ihre Eltern tatsächlich schon auf jedes kleine Detail ihres Umzuges vorbereitet.

«Wohin ziehen wir eigentlich genau?», fragte Jana als erstes. «Colorado ist doch riesig, oder?»

Frau Fischer nickte. «Da hast du recht. Colorado ist ein ziemlich großer Bundesstaat. Die Stadt, in der meine Firma ist, heißt Boulder. Da wohnen immerhin 90 000 Menschen, aber ich habe mir sagen lassen, dass die Stadt trotzdem sehr hübsch ist.»

«Aha», sagte Jana nur. Von einem Ort namens Boulder hatte sie noch nie etwas gehört. Und so schön wie Klein-Niederfelden war es da sicher nicht.

«Und in … Boulder?», fragte Jana weiter, «wo wohnen wir da?»

«Meine Firma hat uns ein ganz tolles Haus vorgeschlagen», antwortete Frau Fischer ihrer Tochter. «Papa und ich haben bisher nur Bilder davon gesehen, aber es macht einen richtig tollen Eindruck. Es ist ziemlich groß, und es liegt in einer ruhigen Straße, ist aber ganz in der Nähe der Innenstadt.»

Das klang gar nicht so schlecht, musste Jana zugeben.

«Und was machen wir mit unseren Möbeln? Und unseren anderen Sachen?», wollte Jana als nächstes wissen. «Was ist mit meinen ganzen Klamotten? Und meinen CDs und meinen Büchern? Das kann ich doch nicht alles in meinen Koffer packen!»

«Die meisten Möbel können wir leider nicht mitnehmen»,

erklärte Janas Mutter. «Aber keine Sorge, mein Schatz, wir haben schon einen riesigen Container organisiert. In dem wird dann alles, was uns wichtig ist, in die USA transportiert.»

«Mit dem Flugzeug?», fragte Jana überrascht.

«Nein, nein. Der Container kommt auf ein Schiff. Und dann auf einen Lastwagen», antwortete Frau Fischer. «Aber wir fliegen natürlich ganz bequem mit dem Flugzeug und kommen fast gleichzeitig mit unserem Container an.»

Jana nickte.

«Und …», sie überlegte. Es gab noch so vieles, was sie ihre Mutter fragen wollte. «In was für eine Schule komme ich denn?»

«Da haben wir uns auch schon informiert», sagte Frau Fischer. «Es gibt eine Schule ganz in der Nähe, die einen wirklich guten Ruf hat. Sie heißt Boulder City High School. Du müsstest nur ein paar Stationen mit dem Schulbus fahren.»

«Wow», sagte Jana, «ich gehe bald auf eine High School. Das ist wirklich verrückt!»

Frau Fischer lachte. «Papa und ich sind richtig froh, dass du die Neuigkeiten so gut aufgenommen hast, Jana. Wir wissen, dass das alles nicht einfach ist.»

Jana schaute ihre Mutter an. Sie hatte schon wieder diesen Kloß im Hals. «Ein bisschen Angst habe ich schon», sagte sie leise. «Und wenn ich daran denke, dass wir aus Klein-Niederfelden wegmüssen, und dass ich Maike nicht mehr sehen kann …»

Frau Fischer nahm ihre Tochte fest in den Arm. «Das kann ich gut verstehen», sagte sie. «Aber wir schaffen das schon.

Und Maike laden wir einfach in den nächsten Ferien zu uns ein.»

«Das haben Maike und ich auch schon beschlossen», erzählte sie ihrer Mutter. «Maike kommt auf jeden Fall.»

«Na, dann ist es doch halb so schlimm», lächelte Frau Fischer.

Hector was having a great time outside. He ran around and sniffed everything, and sometimes picked things up and carried them around in his mouth. Jake thought the dog was very funny. There were no other people in the street, so he kept playing with Hector and walked up and down the street with him. When they were in front of the grandmas' house, Jake tried to look inside, but the house was too far away from the street. Jake looked around, but there was still no one outside. «Come on, Hector», he called the dog. «Let's take a closer look at the grandmas' house!»

Jake and the dog walked across the yard. Jake looked around the porch, but there wasn't anything interesting. He went up to the house and peeked through one of the windows. The room he saw was completely empty. He walked to the window on the other side, but there was nothing in that room, either. No sign of a new family. Nothing. Disappointed, Jake walked back to the street. Hector, of course, was still very happy. He ran around and wanted to play some more. «OK, OK», Jake laughed and picked up a stick from the ground. He held it in front of Hector's nose, and Hector tried to bite it. Jake quickly pulled the stick away so the dog couldn't get it. Hector kept biting at the stick, but Jake was too fast for him. Then Jake threw the stick and watched Hector run after it.

Jake kept playing fetch with the dog until a car came down the street and parked across the street from the grandmas' house. It was Mr. Sanders, another neighbor.

«Hi, Mr. Sanders,» Jake shouted and walked over to the man.

«Hi Jake,» the neighbor answered. «Are you having fun with the dog?»

«Yes», Jake nodded, «Hector is great.»

«He sure is,» Mr. Sanders agreed.

Now Jake had a chance to ask the question he had been trying to answer. «Do you know anything about the family who is moving into the blue house?» he asked.

Mr. Sanders pointed to the grandmas' house. «Into this house?» he asked Jake.

Jake nodded.

«I heard that they are from Europe,» Mr. Sanders said. «And they have one child. But I don't know if it's a girl or a boy.»

«Do you know what country they are from?» Jake wanted to know.

«Yes, Europe. Didn't I just say that?» the neighbor answered.

«Aaahm, yeah, OK, thanks,» Jake said and turned to the dog. «Come on, Hector, let's go home!»

Mr. Sanders smiled. «Have a good day now,» he said.

«You, too,» Jake answered and walked away with the dog. He

was a little disappointed. There was still no new information on the grandmas' house. Mr. Sanders was very nice, but not so helpful when it came to geography. Jake didn't want to embarrass him by telling him that Europe was a continent, not a country. He decided to give up and go home. But first, he had to return Hector.

He walked back to the Miquels' house and rang the doorbell. Mrs. Miquel opened the door. Again, she had her baby on her arm.

«Oh hi, Jake, how was your walk with Hector? Was he a good dog?» she said to Jake.

«Oh yes!» He smiled and looked down at Hector, who was still proudly holding on to the stick from the game of fetch.

«Thanks again for taking him, Jake,» she continued, «That was a great help.»

«No problem,» Jake said. They said goodbye and Jake turned around to leave. Then he remembered something.

«Oh, Mrs. Miquel?» he said before she could close the door. «Do you know anything about the family who is moving into the blue house over there?»

«Oh, of course I do,» she answered. «They are a mom, a dad, and a daughter. The girl is about your age. She is fifteen, I think. They are moving in in a few weeks.»

Jake looked at her, surprised. Mrs. Miquel really knew a lot! Why hadn't he asked her right away?

«Do you know where they are from?» Jake wanted to know.

«Sure! They're German. But I heard that they all speak excellent English,» she told Jake.

«Thanks, Mrs. Miquel,» he said.

«You're welcome,» she answered and smiled.

«Wow!» Jake said to himself as he walked away. Now he knew who was going to move into the grandmas' house. A German family. And a German girl who was fifteen years old, just like he was. What were German girls like? Were they like American girls or were they different? And most importantly, were they cute? Jake had no idea. But this was certainly something interesting to think about.

*Kapitel Vier – **Let's go***

Obwohl sie noch ziemlich niedergeschlagen war, vergingen die letzten Wochen in Deutschland für Jana wie im Flug. Der letzte Schultag vor den Sommerferien war mit Abstand der traurigste gewesen. Jana hatte sich von allen in ihrer Klasse verabschiedet. Ihren Freunden aus der Theater-AG hatte sie hoch und heilig versprechen müssen, sofort eine E-Mail aus Colorado zu schicken und zu berichten, wie es in ihrem neuen Leben aussah.

Die Ferien hatte Jana bisher vor allem damit verbracht, Kisten, Koffer und Taschen zu packen. Das Haus der Fischers war jetzt fast leer. Der Container, in dem ein paar Möbel und viele andere Sachen transportiert wurden, war schon unterwegs in die USA. In einer Stunde ging die Reise auch für Jana und ihre Eltern los. Bis dahin wollten Frau und Herr Fischer noch ein wenig die Beine hochlegen. Sie hatten es sich auf der alten Couch, die noch im Wohnzimmer stand, bequem gemacht und tranken Kaffee. Jana war zu nervös, um einfach nur mit ihren Eltern dazusitzen, und verzog sich darum in ihr Zimmer. Dort ging sie unruhig auf und ab und schaute ständig auf ihre Armbanduhr. Es gab nichts mehr zu tun. Nicht einmal Fernsehen konnte sie, damit die Zeit bis zur Abreise schneller verging, denn der Fernseher war natürlich längst nicht mehr da. Bis auf eine Reisetasche und ihren Rucksack war im ganzen Haus ohnehin nichts, das Jana gehörte. Es gab keine Spuren mehr, dass das hier überhaupt einmal ihr Zimmer gewesen war. Sie seufzte und setzte sich auf den Fußboden, genau dahin, wo früher ihr Sofa gestanden hatte. «Unglaublich, dass ich hier nicht mehr wohne», dachte sie. Sie fühlte sich sehr traurig und einsam. «Gleich fahren wir weg. Für immer!» Eine Weile saß sie nur da und guckte trübsinnig vor sich hin. Dann gab sie sich einen Ruck. Sie zog ein Taschentuch aus ihrer Hosentasche, wischte sich die Tränen aus dem Gesicht und stand auf. Lieber würde sie doch mit ihren Eltern Kaffee trinken, als noch eine Minute länger alleine zu sein. Gerade wollte sie ihr Zimmer verlassen, da klopfte es an der Tür.

In Colorado, Jake was enjoying his summer break. The weather was wonderful, and he was having a fantastic time. During the last weeks, he had only done his favorite activities: sleeping late, playing computer games, and, of course, playing basketball with his friends in the park. Every day, Jake had also walked over to the grandmas' house to see if there was anything new. Sometimes he had taken Hector the dog, other times he went alone. To his disappointment, nothing ever changed: no furniture, no suitcases, and, most importantly, no Germans. After a while, Jake got bored with checking on the grandmas' house every day. Maybe the new family wasn't moving in after all!

He had not checked on the house for some days when, one early morning, he heard a loud sound from the street. Jake jumped out of his bed and looked outside his bedroom window. He liked what he saw: In front of the grandmas' house, there was the biggest truck he had ever seen in his street. On the truck, there was a huge container. «Finally!» Jake thought.

He went into the kitchen and had a slice of toast and some orange juice. He ate quickly, put on his running shoes, and grabbed his basketball. As always, he was meeting his friends in the park. But first he wanted to see what was happening at the grandmas' house! When he stepped outside, the big truck had disappeared. The container was now sitting in front of the grandmas' house. Jake walked around it. It looked like it had traveled a long way: it was dirty, and it had a lot of dents and scratches. He tried to look inside the container, but it was locked shut. Jake walked around it again, but he couldn't find anything out about it. He waited some minutes, but nothing happened. He sat down on the sidewalk and waited some more. No one came to open the container. Jake took his basketball and dribbled around on the sidewalk. Still, nobody. Jake decided he could not stand in the street all day. He took one last look at the empty house and the container, took his ball and sprinted to the park where his friends were already waiting.

«Was ist?», sagte Jana auf das Klopfen und erwartete, dass ihre Mutter oder ihr Vater das Zimmer betreten würden. Stattdessen steckte, zu Janas Überraschung, Maike ihren Kopf durch die Tür. Sie hatten sich doch schon gestern verabschiedet!

«Hey, Jana, ein Glück, dass ihr noch nicht losgefahren seid», sagte sie ganz außer Atem. «Ich hatte schon Angst, dass ich euch verpasse.»

Jana schaute auf ihre Uhr. «Wir fahren gleich mit dem Taxi zum Flughafen», sagte sie. Sofort hatte sie wieder einen Kloß im Hals.

«Ich …», fing Maike an. «Ich wollte dir noch etwas geben.» Sie zog eine kleine Schachtel aus ihrer Jackentasche, die in buntes Papier eingewickelt war, und reichte sie Jana. «Hier, für dich», sagte sie.

Vorsichtig wickelte Jana das Päckchen aus. Als sie sah, was Maike ihr geschenkt hatte, konnte sie sich nicht mehr zusammenreißen. «Die ist ja schön!», schluchzte Jana. Sie hielt eine silberne Kette in der Hand, an der ein herzförmiger Anhänger hing, der mit lauter kleinen türkisfarbenen Glitzersteinchen besetzt war. «Danke!»

«Ich habe die ganze Zeit überlegt, was ich dir als Erinnerung mitgeben könnte», erklärte Maike, der jetzt auch wieder die

Tränen über die Wangen liefen. «Und als ich die Kette entdeckt habe, musste ich sie einfach kaufen.»

«Die trage ich jetzt jeden Tag! Danke!», sagte Jana noch einmal und umarmte ihre Freundin.

Bevor Maike etwas erwidern konnte, hörten die beiden ein lautes Hupen von der Straße.

Jana trat ans Fenster.

«Das Taxi ist da», sagte sie. «Es geht los.»

Jana nahm ihr Gepäck und zusammen gingen die beiden Mädchen aus dem Haus. Janas Eltern waren schon dabei, ihre Koffer im Taxi zu verstauen. Auch Jana hievte ihre Taschen in den Kofferraum. Dann drehte sie sich um und blickte ein letztes Mal auf ihr altes Zuhause.

«Das hier wird mir alles ganz schön fehlen. Mein Zimmer und unser schöner Garten, und … einfach alles», sagte sie leise. Maike nickte nur.

«Ich schreib dir eine E-Mail, sobald ich kann», fügte Jana hinzu.

«O. k.», nickte Maike.

«Jana-Schatz, wir müssen los», sagte Herr Fischer und hielt seiner Tochter die Autotür auf. Frau Fischer saß schon auf dem Beifahrersitz.

Schweren Herzens setzte Jana sich auf die Rückbank. Herr Fischer klappte die Tür zu und stieg selbst auf der anderen Seite ein. Der Fahrer startete den Motor und das Taxi setzte sich in Bewegung. Jana kurbelte das Fenster herunter und winkte Maike solange zu, bis sie nur noch als kleiner Punkt zu erkennen war.

Chapter Five –
Im neuen Zuhause

When Jake walked down his street that evening, he immediately noticed that something had changed: there was light in the grandmas' house! The container in front of the house was open, and there were people unloading it. Jake felt really excited. He saw a man carrying big bags. And there was a woman pushing a box through the front door. Were those the Germans? They didn't look different from anyone else Jake knew. They just looked like parents. If this really was the new family, where was the German girl? Jake really wanted to find out more, but he didn't know what to do. He didn't want to talk to the man and the woman. Maybe they didn't speak any English after all! When Jake walked past the grandmas' house, the man was getting more bags out of the container. He smiled at Jake, but he didn't say anything. The woman was inside the house. And there still was no girl. Jake stopped for a moment and smiled back at the man. Then he realized that he still didn't know what to say, and the man seemed very busy anyway. So Jake quickly turned around and walked to his own house.

Während Jake nach Hause lief, saß Jana in ihrem Zimmer. In ihrem neuen Zimmer. Es war genauso leer, wie das in Klein-Niederfelden bei ihrer Abreise gewesen war. Und genau wie ihr altes Zimmer hatte es ein großes Fenster, von dem aus sie den Garten und die Straße vor dem Haus sehen konnte. Jana fühlte sich schrecklich müde – und immer noch genauso unglücklich und einsam wie gestern vor der Abfahrt. Der Flug hatte fast 12 Stunden gedauert, und dann waren da ja auch noch die langen Wartezeiten und die Taxifahrten zum und vom Flughafen. Die meiste Zeit hatte sie damit verbracht, mit ihrem neuen Kettenanhänger herumzuspielen und daran zu denken, wie sehr sie ihr Zuhause vermissen würde. Selbst die Filme, die an Bord des Flugzeugs gespielt wurden, und die ganzen Süßigkeiten, die ihr Vater für den Flug eingepackt hatte, hatten Jana nicht ablenken können.

Jana seufzte und schaute auf ihre Armbanduhr. Es war sieben Uhr abends hier in Boulder, Colorado. Das hieß – Jana rechnete schnell nach –, dass es in Deutschland schon drei Uhr morgens am nächsten Tag war. Kein Wunder, dass sie sich kaum noch auf den Beinen halten konnte. Ihre Eltern dagegen schienen hellwach zu sein. Jana sah, wie sie Taschen und Kisten aus dem Container ausluden und ins Haus trugen. «Wir holen nur schnell das Wichtigste herein», hatte ihre Mutter gesagt und Jana aufgetragen, schon mal eine der bereitliegenden Luftmatratzen aufzupumpen, denn Betten gab es im neuen Haus der Fischers natürlich noch nicht. Um nicht vorher im Stehen einzuschlafen, beschloss Jana, das gleich zu erledigen. Lustlos faltete sie die Luftmatratze auseinander, nahm die Luftpumpe und begann zu pumpen. Nach fünf Minuten – die Matratze war noch nicht einmal halb gefüllt – brauchte Jana die erste Pause. Sie lehnte sich an die Fensterbank und ließ ihren Blick wandern. Die Häuser in ihrer neuen Straße waren, soweit Jana das sehen konnte, alle aus Holz gebaut. Sie hatten, wie ihr eigenes, eine Veranda und einen kleinen Vorgarten und waren bunt angestrichen. Das Haus gegenüber zum Beispiel war hellgelb, und das daneben weiß mit einem dunkelroten Dach. So auffällig blau wie das neue Haus der Fischers war allerdings keines. Was für Leute wohl in dieser Straße wohnten? Jana beobachtete ihren Vater, der immer noch Sachen aus dem Container angelte. Sie wollte sich gerade wieder der Luftmatratze zuwenden, da entdeckte sie einen Jungen auf der gegenüberliegenden Straßenseite. Er ging ziemlich langsam und guckte neugierig in Richtung des großen Containers vor ihrem Haus. Jana musterte ihn. Er war ziemlich groß und hatte dunkelbraune Haare. Er trug ein T-Shirt über einer ziemlich weiten Hose und Turnschuhe. Und er hatte einen Basketball unter dem Arm. Er sah sehr sportlich aus. Aber auch ganz nett, fand Jana. Sie schätzte, dass er ungefähr so alt sein müsste wie sie selbst. Jana sah, wie der Junge stehen blieb und ihrem Vater zögerlich zulächelte, dann aber ziemlich schnell weiterging. Wer das wohl war? Ob er hier in der Nähe wohnte? Jana schaute dem Jungen hinterher. Durch die vielen Bäume, die die Straße säumten, konnte sie gerade noch erkennen, wie der Junge die Tür eines der Nachbarhäuser öffnete und dahinter verschwand.

Jake dropped the basketball in the hallway and went straight to the family room. His twin sister was sitting on the couch, reading a book.

«Hey Katie,» he said. «Where are Mom and Dad?»

«Still at work, of course!» She answered as she looked up from her book.

«Did you see what's going on at the grandmas' house?» Jake asked.

«No,» Katie put her book on the couch. «What is going on there?»

«The new family is here! The Germans!» Jake answered.

«Really!» Katie said, very excited.

«Yeah,» Jake nodded. «I saw them. They're moving in.»

«That's so cool,» Katie said and walked to the window.

«Can you see them?» Jake asked curiously.

«I see a man and a woman,» Katie said. «They are closing the container. Now they are walking back to the house. This is so exciting!»

Jake nodded. «I think they are the parents.»

«Did you see the girl, too?» Katie said.

«No …» Jake shook his head.

«I really wonder what she is like!» Katie continued.

«Yeah», Jake answered. «What are German girls like?»

«Hmmm …» Katie thought for a moment. «I'm sure she's very tall and has blond hair!» she concluded.

«I think you're right», Jake answered. «She probably is tall and blond.»

Kapitel Sechs –
Hi, neighbor!

Die Sonne strahlte hell durch ihr Fenster, als Jana am nächsten Morgen aufwachte. Zuerst wusste sie überhaupt nicht, wo sie war. Es dauerte aber nur ein paar Sekunden, dann fiel ihr ein, warum sie nicht in ihrem kuscheligen Bett, sondern auf einer schlecht aufgepumpten Luftmatratze lag. Sie war in Amerika! Jana bemerkte zu ihrer eigenen Verwunderung, dass jetzt, nachdem der traurige Abschied und die stressige Reise hinter ihr lagen, plötzlich zu ihrer Niedergeschlagenheit ein neues Gefühl hinzugekommen war: Sie war aufgeregt! Wie es hier in Boulder wohl sein würde? Sicherlich nicht so schön wie in Klein-Niederfelden, das war klar. Jana freute sich plötzlich darauf, ihre neue Umgebung kennenzulernen.

Sie krabbelte unter ihrer Decke hervor, zog sich die nächstbesten Klamotten über und ging die Treppe hinunter in die neue Küche. Im Gegensatz zum Rest des Hauses war dieser Raum schon komplett eingerichtet. Auch im Esszimmer, das sich ohne eine weitere Tür an die Küche anschloss, standen schon ein großer Tisch und Stühle. Hier saßen ihre Eltern, als Jana in die Küche kam. Zu ihrer Verwunderung standen auf dem Tisch Orangensaft und Kaffee, eine Schale Obst, Marmelade, Käse und eine große Packung Toastbrot. Gestern Abend war der Kühlschrank doch noch komplett leer gewesen!

«Guten Morgen, Jana-Schatz», sagte Herr Fischer, «hast du gut geschlafen?»

Jana nickte. «Wo kommt denn das ganze Essen her?», fragte sie und gähnte.

«Meine Firma hat heute Morgen jemanden vorbeigeschickt, der uns etwas zum Frühstücken mitgebracht hat», erklärte Frau Fischer. «Nett, oder?»

Jana nickte wieder und ließ sich auf einen Stuhl fallen.

«Papa und ich haben heute sehr viel zu tun», sagte ihre Mutter als Nächstes. «Vielleicht kannst du ein bisschen helfen.»

«Aber», warf ihr Vater ein, «du kannst dich auch erst mal etwas umgucken. Es gibt hier ja viel Neues zu entdecken.»

«O.k.», sagte Jana und nahm sich eine Scheibe Brot. «Ich wollte gleich mal ein bisschen rausgehen. Aber danach kann ich ja ein paar Kisten auspacken oder so.»

Janas Eltern lächelten zustimmend. Und während sie besprachen, was alles erledigt werden musste, aß Jana ihr erstes Frühstück in Amerika.

Although he did not have plans to meet his friends in the park today, Jake got up early. He really wanted to meet the new German girl! And this time, he wanted to be able to talk to her. Jake turned on his computer. He looked around on the internet until he found what he was looking for.

«English-German dictionary», he read on the screen. He typed in some English words and hit enter. Now the screen showed the German translation. Jake tried to read the German out loud, but it wasn't easy. ‹This language is crazy,› he thought.

He typed in some more words and hit the enter button again. This time, the German looked a little bit easier. Jake said the sentence on the screen out loud. Then he wrote it down on a piece of paper. He read the sentence once more and put he paper in his pocket. Jake went downstairs and told his mom he was going outside. Before he left the house, he took the note out of his pocket and read it again. He now knew the sentence. Jake was ready to meet the Germans.

When Jake stepped outside he brought his basketball with him. That way, he had something to do while he waited. There was a basketball hoop on his family's garage and Jake started to take shots at it. While he was practicing, he kept one eye on the grandmas' house. He had to play for almost half an hour before something happened. Then, the door of the blue house opened. A girl stepped outside. She stood on the porch and looked around. Jake dribbled around and tried to see what the girl looked like. He was surprised: the German girl wasn't blond at all! Her hair was very, very red. And she wasn't tall, either. ‹She looks pretty,› Jake thought. As he kept shooting baskets, the girl started walking in his direction.

Als Jana auf die Veranda ihres Hauses trat, entdeckte sie aus dem Augenwinkel sofort den Jungen vom vorherigen Abend. Er hatte wieder seinen Basketball dabei. Er dribbelte damit vor seinem Haus herum und warf auf einen Korb, der an der Garagenwand befestigt war. Jana beobachtete ihn unauffällig.

Er war ziemlich gut: Der Ball landete bei jedem Wurf im Korb. Jana überlegte. Ob sie ihn einfach ansprechen sollte? Das war ganz schön peinlich. Andererseits musste sie früher oder später mit irgendjemandem reden. Und der Junge da drüben war immerhin alleine. Das war besser, als wenn sie gleich einer ganzen Gruppe von Fremden gegenübertreten müsste. Gerade kam es Jana vor, als hätte er kurz in ihre Richtung geguckt. Hatte er sie gesehen? ‹Jetzt oder nie›, dachte sie, nahm ihren ganzen Mut zusammen und ging entschlossen auf den Jungen zu.

Als Jana nur noch ein paar Meter vom Haus ihres neuen Nachbarn entfernt war, bemerkte sie, dass sie keine Ahnung hatte, was sie zu ihm sagen sollte. Was war in so einer Situation bloß ein guter erster Satz? Auf Englisch? Dann passierte etwas sehr Praktisches: der Basketball des Jungen verfehlte – zum ersten Mal – den Korb. Er prallte von der Garagenwand ab und sprang direkt auf Jana zu. Geschickt fing sie den Ball. Der Junge drehte sich um und Jana warf ihm den Ball zu.

«Thank you», sagte er und schenkte ihr ein breites Lächeln.

«Hmm, ja, äh», verhaspelte Jana sich ein bisschen. «You are welcome», fügte sie dann schnell hinzu.

Der Junge machte ein paar Schritte auf Jana zu. Jetzt stand er ihr genau gegenüber.

«Hi», sagte er. «I'm Jake.»

«I'm Jana», antwortete Jana.

«It's nice to meet you, Jana», sagte Jake.

Jana überlegte wieder einen Augenblick. «I'm … I'm new here», erklärte sie dann. «I'm from Germany.»

Jake nickte. Jana bemerkte, dass er gar nicht überrascht war.

Stattdessen war es Jana, die staunte. Denn Jake sagte plötzlich, etwas langsam, aber in richtig gutem Deutsch: «Herzlich willkommen in Colorado!»

Jana war sehr erleichtert. «Danke!», sagte sie. Dann plauderte sie munter weiter: «Ich hatte ja keine Ahnung, dass du Deutsch sprichst! Das ist ja cool! Hast du Deutsch in der Schule?»

Jetzt guckte Jake, der eben noch gestrahlt hatte, komplett verwirrt aus der Wäsche.

«Aaahhm», machte er und prellte seinen Ball verlegen vor sich hin. «What did you say?»

«Don't you … don't you speak German?», fragte Jana darum zur Sicherheit auf Englisch.

«Aaaahhm, actually, no …» Jetzt grinste er wieder. «I only know one sentence. Herzlich willkommen in Colorado.»

«Oh, o.k.» Jana lächelte auch. Schade eigentlich. Dann wusste sie nicht mehr, was sie sagen sollte.

«So how do you like Colorado?», fragte Jake.

«I don't know», antwortete Jana. «I've only been here for …», sie schaute auf ihre Armbanduhr, «12 hours.»

Jake lachte. «Boulder is a great city», erklärte er. «If you want I can show you around a little. Maybe in the afternoon?»

Jake guckte sie erwartungsvoll an und Jana wusste plötzlich nicht, was sie sagen sollte. Er hatte so schnell gesprochen, dass sie rein gar nichts verstanden hatte! Wie konnte das sein? Sie hatte doch immer eine 2 in Englisch gehabt! Aber irgendwie klang Jakes Englisch ganz anders als das von ihrer Englischlehrerin.

«What did you say?», fragte Jana vorsichtig.

«I can show you the city», sagte Jake noch einmal und betonte alles ganz deutlich. «If you want I can show you around in the afternoon.»

Jana war erleichtert. Diesmal hatte sie jedes Wort verstanden – und das Angebot kam ihr gerade recht. Dieser Jake wollte sich tatsächlich mit ihr treffen! «Yes!», rief sie begeistert. «I mean …», fügte sie etwas ruhiger hinzu, «that would be nice.»

«Cool», sagte Jake und fing wieder an, mit seinem Ball herumzudribbeln.

«Cool», nickte Jana.

«How about … 3 o'clock?», schlug Jake vor.

«Yes», antwortete Jana.

«OK», sagte Jake. «I can come to the grandmas' house at 3.»

Er hatte wieder extra deutlich gesprochen, doch Jana war trotzdem verwirrt. Was war denn bitte das Oma-Haus? Oder hatte sie sich doch verhört und er hatte etwas ganz anderes gesagt?

«The grandmas' house?», fragte sie zögernd.

Jake schlug sich vor die Stirn. «I mean, I'll come to your house.»

Diese Reaktion fand Jana auch seltsam. Anscheinend konnte Jake das an ihrem Gesichtsausdruck erkennen.

«We used to call your new house the grandmas' house», erklärte er. «It's a long story. I'll tell you later.»

Jana nickte. «OK.»

«I'll see you at 3 o'clock then», sagte Jake und begann wieder mit dem Ball zu dribbeln.

«OK», sagte Jana wieder und wandte sich zum Gehen. «I'll see you at 3», wiederholte sie und lächelte ihm noch einmal zu. «Bye.»

Fröhlich lief sie zurück zu ihrem Haus. Dem Oma-Haus, oder wie auch immer Jake es genannt hatte. Was er damit wohl meinte? Auf jeden Fall hatte ihr erster Tag in Amerika schon mal richtig gut angefangen.

Chapter Seven – ***Stadt, Land, Fluss***

Als Jana später am Nachmittag neben Jake die Straßen entlanglief, schaute sie sich neugierig um. Gestern Abend, als sie vom Flughafen gekommen waren, war es schon dunkel gewesen und Jana sah die neue Stadt jetzt zum ersten Mal. Überall waren Bäume und die gleichen Häuser mit den gleichen Vorgärten wie in ihrer Nachbarschaft. Es fuhren ein paar Autos an ihnen vorbei, aber sonst war nicht viel los. So ruhig hatte sie sich Amerika wirklich nicht vorgestellt. Wo war denn die Innenstadt, von der ihre Mutter geschwärmt hatte? Und wo waren die angeblich so schönen Berge? Überhaupt fiel Jana eine Frage nach der anderen ein. Das einzige Problem war, dass sie alles auf Englisch fragen musste. Sie überlegte einen Augenblick.

«Where are we now?», fragte sie dann. «And where is … downtown?»

«Downtown is five minutes away from here. It's called Pearl Street, and it's a really nice outdoor mall», erklärte Jake.

Jana hatte ihn ziemlich gut verstanden. Nur ein Wort kannte sie nicht. «What is a mall?», fragte sie deshalb.

«A mall is where all the stores are», erklärte Jake geduldig.

«Do you mean … a shopping center?», fragte Jana.

Jake nickte. «Yeah, a mall is a shopping center. But Pearl Street Mall is not inside. It's outside.»

Jetzt hatte Jana verstanden. Die ‹outdoor mall› war also nichts anderes als eine Einkaufsstraße! Das klang gut. Jana guckte sich gerne Geschäfte an. Gerade wollte sie die nächste Frage stellen, da blieb Jake stehen und zeigte in die Richtung, aus der sie gekommen waren.

«Look!», sagte er.

Jana drehte sich um. Was sie sah, verschlug ihr den Atem. Unglaublich hohe Berge türmten sich vor ihren Augen auf, kahle Felsen, deren Gipfel weiß vor Schnee waren. Und das, obwohl die Sonne heiß auf die Stadt niederbrannte!

«Wow!», entfuhr es ihr.

«Those are the Rocky Mountains», erklärte Jake stolz. «You can't see them from our street, but you can see them almost everywhere else in the city.»

«Wow», sagte Jana noch einmal. So ein riesiges Gebirge hatte sie noch nie gesehen.

«Aren't they amazing?», fragte Jake und strahlte. «I love the Rockies!»

Jana nickte. Sie war immer noch sprachlos. Die Berge waren so hoch und so nah an der Stadt! Unvorstellbar, dass sie sie bisher noch gar nicht bemerkt hatte. Es fiel ihr schwer, ihren Blick loszureißen, doch Jake hatte schon wieder etwas anderes gefunden, das er ihr zeigen wollte.

«If you go to the left here and then straight for about 20 minutes, you get to Boulder Central High School. That's my school», erklärte er. Dann fiel ihm eine Frage ein: «What school are you going to go to, Jana?»

Jana hatte den Namen der Schule gleich wieder erkannt. «I'll go to Boulder Central High School, too», sagte sie erfreut.

«Cool», sagte Jake und grinste. «What grade?»

Jetzt musste Jana kurz überlegen, dann entschied sie, dass Jake wahrscheinlich gerade gefragt hatte, in welche Klasse sie kam. «Grade 9», sagte sie darum entschlossen.

«Cool!», wiederholte Jake. «Me, too!»

«What is the school like?», fragte Jana. «Is it OK?»

«Aaaaaahm», machte Jake ein wenig ratlos, «I don't really know.»

Jana guckte verwundert.

«I'm only starting there after the summer», gab er zu. «I've never been there before.»

Jana wollte gerade nachfragen, warum er denn die Schule wechselte, da fing Jake auch schon an zu erklären.

«High School is from grade 9 to grade 12», sagte er. «So everyone has to go to a new school after the 8th grade.»

Das waren ja noch bessere Neuigkeiten! Sie würde nicht die einzige Fremde sein! Stattdessen fingen alle Neuntklässler neu in der Schule an. Jana fiel ein Stein vom Herzen.

«Some of my friends will go to our school, too», erklärte

Jake als Nächstes. «And my sister Katie. We're twins. Do you know what ‹twins› means?»

Jana nickte, denn sie erinnerte sich, dass ‹twins› auf Deutsch ‹Zwillinge› bedeutete. Die Vokabel war mal in ihrem Englischbuch vorgekommen. Noch eine gute Überraschung! Wenn diese Katie genauso nett war wie Jake, würde der erste Schultag sicher gar nicht so schlimm werden.

Dann fiel Jana jedoch wieder etwas ein, das sie gerade noch viel mehr interessierte als die neue Schule.

«Where is the outdoor mall?», fragte sie ganz mutig. «I want to see some American shops!»

Jake lachte. «Pearl Street is over there, about five minutes away from here.»

«Let's go!», sagte Jana übermütig und zog Jake in die Richtung, in die er gedeutet hatte.

Zu Janas Überraschung war die Pearl Street Mall eine richtige Fußgängerzone, in der sich viele kleine Läden, Cafés und Restaurants aneinanderreihten. Sie hatte sich immer vorgestellt, dass es in Amerika nur riesige Supermärkte und überfüllte Einkaufszentren gab. ‹Schade, dass Maike nicht hier ist›, schoss es Jana durch den Kopf. Hier hätte sie mit ihrer besten Freundin wirklich stundenlang herumbummeln können.

«What do you think?», unterbrach Jake ihre Gedanken.

«It's very nice!», sagte Jana beeindruckt. «I like all the cool shops!»

«Pearl Street is really cool», pflichtete Jake ihr bei, «it's much nicer than many American downtown areas.»

«Do you like to go shopping?», fragte Jana ihn neugierig.

Jake zögerte, bevor er antwortete. Dann grinste er. «Not really ...»

«I like shopping!», sagte Jana. «It's fun!»

Da Jake ihre Begeisterung ganz offensichtlich nicht teilte, stellte Jana eine andere Frage: «What are your hobbies?»

«Let's see», sagte Jake, «I like to hang out with my friends. And I really like computer games. But my favorite thing in the world is basketball.»

Jana nickte. «I saw you play in the morning.»

«I love basketball», erklärte Jake. Jetzt war er es, der Feuer und Flamme war. «I really want to play for the high school team. I play every day. But I don't know if I'm good enough.»

Jana hatte noch nie davon gehört, dass Schulen ihre eigenen Sportmannschaften hatten. An ihrer deutschen Schule hatte es nur den normalen Sportunterricht gegeben.

«Are there any other sports teams at our high school?», fragte sie deshalb interessiert.

«Oh, yeah», sagte Jake. «There's the football team of course, and the cheerleading team. Wait, do you know what American football and cheerleading are?»

Jana nickte. Sie kam zwar von weit weg, aber sie war doch nicht vom Mond!

Jake sprach gleich weiter. «There's also the tennis team, they are very good. Then there is the wrestling team, the cross-country team, gymnastics, baseball, track-and-field … there's even a disc-golf team.»

Jana war beeindruckt. Allerdings hoffte sie, dass nicht jeder, der an der Schule war, bei einem der Teams mitmachen musste. Von diesen ganzen Sportarten hatte sie nämlich nicht die geringste Ahnung. Allerdings brachte sie dieses riesige Angebot auf eine andere Idee.

«Is there a …», Jana fielen nicht gleich die richtigen Worte ein, «a theater … group?»

«Oh, yeah», Jake nickte und verkniff sich ein Lächeln. «I know what you mean. It's called drama club.»

«So … is there a drama club at our school?», fragte Jana gespannt.

Jake nickte. «Yeah, there's a drama club at Boulder Central High.»

«Cool!!», rief Jana und strahlte Jake an. Der Anfang in der neuen Schule würde sicher ganz schön schwer werden, aber allein wegen der Aussicht, vielleicht wieder Theater zu spielen, konnte Jana den ersten Schultag kaum erwarten. ‹Ich muss das alles sofort Maike erzählen›, dachte sie fröhlich, während sie mit Jake weiter die Einkaufsstraße entlangbummelte.

Jake was happy, too. ‹The German girl is really nice!› he thought as he walked down Pearl Street next to Jana. And she was cute, too. It was really cool that she was going to his new school. Maybe he could get to know her even better. But how? He couldn't ask his friends. They would only laugh and make stupid jokes. Then Jake knew just what to do: he had to talk to his sister.

Kapitel Acht – ***Old friends, new friends***

Ein paar Tage und viele, viele ausgepackte Kisten später kam Jana endlich dazu, sich bei Maike zu melden. Ihre Eltern hatten ein brandneues Laptop gekauft. Damit zog Jana sich in ihr Zimmer zurück. Sie schaltete das Gerät ein, wartete einen Moment und öffnete ihr E-Mail-Programm. Dann begann sie zu tippen.

An: Maike
Von: Jana
Betreff: Hallo aus Amerika!!

Hallo Maike!!
Wie geht es dir??? Hier ist es unglaublich!!
Totally crazy!! ☺ Es ist natürlich nicht so schön wie Klein-Niederfelden, aber es könnte auf jeden Fall schlimmer sein!
Ich habe mein Zimmer wieder ganz in Türkis dekoriert. Jetzt fühle ich mich schon ein klitzekleines bisschen wie zu Hause.
Morgen ist mein erster Schultag. Ich bin schon ganz aufgeregt! Zum Glück habe ich schon einen Jungen aus meiner Schule kennengelernt!!
Er heißt Jake und er hat schwarze Haare und braune Augen. Er ist ziemlich süß …
Aber das Beste ist: es gibt an der Schule eine

Theater-AG! Meinst du, ich sollte da mitmachen? Ich habe ein bisschen Angst … ich weiß wirklich nicht, ob mein Englisch gut genug ist zum Theater spielen. Ich muss mich ganz schön konzentrieren, um die Leute hier zu verstehen. Und wenn ich fernsehe, verstehe ich fast gar nichts!
Schade, dass du nicht hier bist!! Wann bist du immer online? Wir sollten auf jeden Fall bald chatten!!
Deine allerbeste Freundin
Jana

Jana las sich ihre E-Mail noch einmal durch und überlegte. Hatte sie noch etwas Interessantes vergessen? Dann fügte sie unter ihrem Namen noch einen Satz hinzu:

P.S. Deine Kette mit dem süßen Anhänger habe ich natürlich immer um!!

Jetzt war alles Wichtige gesagt. Jana klickte auf «Absenden» und sah zu, wie die E-Mail von ihrem Bildschirm verschwand.

Jake really wanted to talk to his sister about Jana. In the last few days, he had not found the right moment. So today, he simply went to Katie's room.

«Hey Jake, what's up?» Katie asked, sounding as happy as always. Jake saw that she was chatting on her computer.

«Nothing,» Jake lied. He suddenly felt a little embarrassed. «I just wanted to say hello.»

Katie looked at her twin brother and smiled. «Come on! You never just want to say hello. And you never come into my room.»

That was true, Jake had to admit. «I wanted to ask you something,» he explained.

«About what?» Katie asked and laughed, «School? Or something more … exciting?»

«No, not about school,» Jake answered. «About the German girl. Jana.»

Now Katie was really interested. She stopped typing on her computer and turned around on her chair.

«*Ooooohh!*» Katie said and gave her brother a big smile.

«Is she nice?» she asked curiously.

«Yeah, she's pretty nice,» Jake nodded slowly.

«And what is your question exactly?» Katie wanted to know. She had a big grin on her face.

«I …» Jake began. «I want to get to know her better. But I don't know what to do.»

«Mmmh,» Katie thought for a moment. «Do you want to do something … *romantic*?» She asked and grinned even more.

Jake could feel his ears turn red. «No,» he mumbled.

«How about you invite her for dinner to our house?» Katie suggested, now sounding more serious. «Mom and Dad won't be home tomorrow, so it would just be us three. I'll cook. It'll be so much fun!»

That didn't sound like a bad idea at all. «OK,» Jake said. «I'll ask her right now. Thanks, Katie!» He felt relieved. It was great to have a twin sister after all!

Jake walked over to Jana's house and rang the door bell. This time, a man opened the door. It was the same man Jake had seen unload the big container: Jana's father.

«Aaaaaahm, hi,» Jake began.

«Hello,» the man said and smiled.

«My name is Jake,» Jake said politely. «I'm ... one of the neighbors.»

«I'm Mr. Fischer,» the man said. «It's nice to meet you.»

«It's nice to meet you, too,» Jake answered. Then he paused. Mr. Fischer didn't say anything either.

«Is ... Jana there?» Jake asked carefully.

«Oh, yes,» Mr. Fischer smiled. «One moment, please.»

The man went back into the house and shouted something in German. Jake didn't understand a single word. «German is a crazy language,» he thought to himself. «How can anyone understand that?»

A few moments later, Jana came running down the stairs.

«Hey again,» Jake said. He could feel that his ears were turning a little red again.

«Hello!» Jana answered.

«Tomorrow is our first day at school,» Jake said to her. ‹What a boring thing to say!›, he immediately thought to himself.

Jana didn't seem to think so. She nodded her head and smiled.

«I was wondering,» he continued, «if you want to come to my house for dinner tomorrow?»

«That sounds great!» Jana said. «But I have to ask my parents.»

This time, Jana turned around and shouted something in German. Again, Jake didn't understand anything. Then Jana's dad shouted something back, also in German. ‹What a totally crazy language!› Jake thought to himself again.

Jana smiled happily. «My Dad says it's OK. I can come to dinner tomorrow.»

«Great,» Jake smiled back. «You can meet my sister. She's nice. A little too noisy sometimes, but nice.»

«That sounds great,» Jana repeated.

«I'll see you tomorrow morning then,» Jake said and turned to go. «…on the school bus!»

«I'll be there!» Jana smiled and closed the door.

Wieder in ihrem Zimmer angekommen, schnappte Jana sich gleich noch einmal ihr Laptop. Jetzt gab es doch noch etwas, das sie Maike schreiben musste!

An: Maike
Von: Jana
Betreff: Hallo aus Amerika!! - Teil 2

Nochmal hallo, Maike!
Gerade war Jake hier, der Junge, von dem ich dir geschrieben habe!! Er hat mich für morgen zum Abendessen zu seiner Familie eingeladen! Unglaublich, oder? Ich habe natürlich ja gesagt. Bin ja mal gespannt, wie es bei echten Amis zu Hause so aussieht. Und dieser Jake ist WIRKLICH süß!!!
Zuerst muss ich aber morgen noch meinen ersten Schultag hinter mich bringen. Drück mir die Daumen!
Deine beste Freundin,
Jana

Chapter Nine – ***Wie peinlich!***

Als Jana am nächsten Morgen zur Bushaltestelle ging, hatte sie schon wieder dieses flaue Gefühl im Magen. Genauso hatte sie sich bei der Abfahrt aus Deutschland gefühlt. Zum Frühstück hatte sie darum auch nur mit Mühe ein halbes Glas Milch heruntergekriegt.

«Das ist die Aufregung», hatte ihre Mutter gesagt, bevor sie zur Arbeit verschwunden war, und ihr Vater hatte zustimmend genickt und ihr ein extragroßes Pausenbrot eingepackt.

Während Jana auf den Bus wartete und sich fragte, wie sie bloß den ersten Tag an der neuen Schule überstehen sollte, kam Jake die Straße entlanggerannt. Dicht hinter ihm lief ein Mädchen mit langen schwarzen Haaren. Genau in dem Moment, in dem die beiden die Haltestelle erreichten, kam ein riesiger gelber Schulbus um die Ecke, auf dessen Seite in großen Buchstaben BOULDER CENTRAL HIGH SCHOOL geschrieben stand.

«Hey, Jana!», rief Jake, während er mit ihr in den Bus stieg.

«Hello», antwortete Jana.

«This is my sister, Katie», stellte er das Mädchen vor.

«Hello, Katie», sagte Jana.

«Hey, Jana, it's so wonderful to meet you», antwortete Katie und strahlte. Jana fand, dass Katie ganz anders aussah als ihr Bruder. Sie hatten zwar die gleiche Haarfarbe, aber ansonsten hätte sie die beiden nicht für Zwillinge gehalten. Außerdem war Jake eher ruhig, und Katie, das merkte Jana sofort, war eine richtige Quasselstrippe.

«I love your shirt», sagte Katie gerade überschwänglich. «It looks fantastic!»

Jana freute sich über dieses völlig unerwartete Kompliment, wusste aber trotzdem nicht, was sie außer «Thank you» darauf sagen könnte. Zum Glück machte das Katie gar nichts aus.

«We're twins, Jake and I», wechselte sie sofort das Thema. «but I'm 12 ½ minutes older», fügte sie grinsend hinzu. «So, really, he's my little brother.»

Jana lachte. Jake wollte protestieren, doch Katie sprach einfach weiter, ohne ihn zur Kenntnis zu nehmen.

«Has Jake told you about our new school? It's so big! I'm so excited! Are you? You are in the 9th grade, too, right? What classes are you taking? Are you taking Spanish or German? I bet you're taking German! I'm really excited, did I say that?»

So viele Fragen auf einmal! Und zu allem Übel betonte diese Katie alles so übertrieben … Jana hatte nur die Hälfte von ihrem Wortschwall verstanden, aber immerhin hatte sie irgendwo mittendrin etwas von «classes» und «Spanish or German» herausgehört.

«I take Spanish», sagte Jana zaghaft. «I already know German.»

Katie lachte laut heraus. «That's a very good point, Jana. Jake and I are taking Spanish, too.»

Jetzt ergriff Jake das Wort. «I wonder what will happen today. I mean, it's our first day!»

Katie wusste genau Bescheid. «There will be a welcome speech from the principal. I bet she'll have lots of new information for us. Then we'll have to go to some classes, of course.»

Jake nickte. Jana hatte wieder nur ein paar Wörter verstanden. Katie war allerdings noch gar nicht fertig.

«And at noon we can sign up for all the clubs and teams», fügte sie hinzu.

«I'm going to sign up for the basketball team», erklärte Jake selbstbewusst.

«You mean you're signing up for the try-outs for the basketball team, little brother», verbesserte ihn seine Schwester grinsend.

«What are try-outs?», fragte Jana.

«Not everybody can be on the team», erklärte Katie. «Everyone can sign up, but then there are a lot of tests. Only the best players can be on the basketball team.»

Das hatte Jana verstanden. Aber ob es wohl für alle Teams eine so strenge Vorauswahl gab? Und wie sah es aus mit der Theatergruppe?

«Are there try-outs for everything?», fragte Jana vorsichtig.

«No», Jake answered. «only for some of the sports teams.»

Jana atmete auf.

«Oh, and there are try-outs for the drama club, of course!», fügte Jake dann hinzu.

«Oh nein», dachte Jana. «You have to do … a test to be on the drama club?», fragte sie zur Sicherheit noch einmal nach.

«Yeah», Jake nickte.

«You have to be really good at acting to be on the drama club», pflichtete Katie ihrem Zwillingsbruder bei.

So ein Mist, dachte Jana. Das war's dann wohl mit dem Traum vom Theaterspielen.

Als der Bus vor der Boulder Central High School hielt, stiegen Jana, Jake, Katie und die anderen Jugendlichen aus und gingen ins Schulgebäude. Die älteren Schülerinnen und Schüler verschwanden sofort – unter lautstarken Gesprächen und Gelächter – in den unterschiedlichen Klassenräumen. Nur die vielen Neuntklässler blieben ziemlich still in der Aula zurück und warteten auf die Begrüßung der Schulleiterin. Jana staunte. Es gab sicher 200 Jungen und Mädchen allein in der Neunten! Diese Schule musste riesig sein!

Viel Zeit zum Nachdenken hatte Jana allerdings nicht, denn schon betrat eine ziemlich streng aussehende Frau die Bühne im vorderen Teil der Aula. Der Raum war so groß, dass sie über ein Mikrophon sprechen musste, um von allen gehört zu werden.

«Good Morning everyone, I'm Principal O'Connor», sagte die Frau mit lauter Stimme, «Welcome to Boulder Central.»

Nach diesem Satz erging es Jana wie zuvor im Bus: Sie verstand fast nichts von dem, was die Schulleiterin in ihrer Begrüßungsansprache sagte. Verzweifelt versuchte Jana der Rede zu folgen, aber es gab einfach zu viele Begriffe, die sie noch nie gehört hatte. Außerdem sprach diese Mrs. O'Connor viel zu schnell! Nach ein paar Minuten gab Jana auf: Sie lehnte sich in ihrem Stuhl zurück und versuchte, einfach an etwas ganz anderes zu denken. An Maike zum Beispiel, die jetzt gerade, wegen der großen Zeitverschiebung, tief und fest schlief. Oder an ihr altes Zuhause in Klein-Niederfelden. Wie weit weg das alles schon zu sein schien …

Jana zuckte zusammen, weil Jake sie ziemlich unsanft in die Seite stieß.

«Stand up», raunte er ihr zu.

Erschrocken guckte Jana sich um. Dann hörte sie die Stimme der Schulleiterin. «Where is our student from Germany, Jana Fischer …?»

Langsam stand Jana auf. Alle Augen schienen plötzlich auf sie gerichtet zu sein.

«I hope that you can all give Jana a very warm welcome», hörte sie Mrs. O'Connor jetzt sagen.

Jana konnte fühlen, dass sie einen hochroten Kopf bekommen hatte. Manche Schüler starrten immer noch in ihre Richtung, andere tuschelten. Jana schaute unsicher über die Sitzenden zur Schulleiterin, die schon wieder über etwas anderes zu reden schien. Was sollte sie denn jetzt tun?

«You can sit down again, Jana», sagte Mrs. O'Connor und lächelte in Janas Richtung. Manche Schüler lachten.

Blitzschnell ließ Jana sich wieder auf den Stuhl fallen und rutschte so tief es ging in ihren Sitz.

‹Oh nein›, dachte sie, ‹ist das peinlich! Was für ein schrecklich peinlicher Anfang!›

Nach der Begrüßungsrede begann für die Neuntklässler der Unterricht. Jana war froh, dass sie all ihre Stunden entweder mit Jake oder Katie zusammen hatte. So musste sie sich nicht alleine auf den endlosen Gängen des Schulgebäudes zurechtfinden. Die Spanischstunde, Erdkunde und Englisch vergingen, ohne dass Jana ein Wort sagen musste. Die meiste Zeit hielten die Lehrer Vorträge und Jana fiel ihnen unter all den neuen Gesichtern nicht weiter auf.

Mittags war es dann endlich so weit. Die Jungen und Mädchen strömten zurück in die Aula. Hier waren jetzt viele Stände aufgestellt, an denen man sich über die verschiedenen Sportarten und AGs der Schule informieren konnte. Jake stürmte sofort zum Tisch der Basketballmannschaft. Jana schlenderte mit Katie durch die Halle, bis sie einen Stand entdeckte, über dem ein Schild mit der Aufschrift DRAMA CLUB hing.

«Oh», sagte Jana. «There's the drama club. Let's look at that.»

«Sure», nickte Katie.

«Hi, you two», begrüsste sie der Junge hinter dem Tisch freundlich. «Are you interested in acting?»

«Me? Are you crazy?», antwortete Katie theatralisch wie immer. Dann zeigte sie auf Jana. «But my friend here is a fantastic actress!»

«Cool!», sagte der Junge. «You're an actress? We're always looking for good actresses!»

Jana merkte, dass sie schon wieder rot wurde. «I … I don't know …», stotterte sie.

«She's from Germany», erklärte Katie.

«Oh, interesting!» Der Junge grinste. «Are you a freshman?», fragte er.

‹Ein was soll ich sein?›, dachte Jana verwirrt. ‹A fresh man?› War das vielleicht eine Beleidigung? Wollte der Junge sich über sie lustig machen?

«I AM NOT …», begann Jana wütend, wurde aber von Katie unterbrochen.

«Yeah, we're both freshmen», erklärte sie eilig. «What about you?»

«I'm a senior», sagte der Junge. Er klang ziemlich stolz.

Jana zog Katie beiseite. Sie verstand schon wieder nichts mehr.

«What is a freshman? And what is a senior?», flüsterte sie.

«It's really easy!» Katie riss ein Stück Papier aus ihrem Block. «We're freshmen because we are in the 9th grade», erklärte sie und schrieb ein paar Wörter auf. «Seniors are the oldest, they are in the 12th grade. There are also sophomores and juniors.» Sie gab Jana den Zettel.

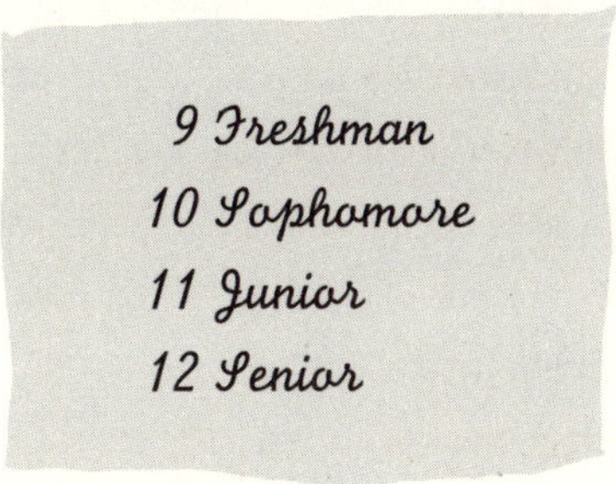

9 Freshman
10 Sophomore
11 Junior
12 Senior

Jana seufzte. Der Junge hatte nur ganz harmlos gefragt, in welche Klasse sie ging. Und sie hätte ihn deswegen fast angebrüllt! Dieser Tag wurde wirklich immer peinlicher.

Nach diesem Zwischenfall traute Jana sich erst mal nicht wieder in die Nähe des Theater-Standes. Von der Ferne beobachtete sie, wie immer mehr Mädchen und Jungen ihren Namen auf die Liste für die Theatergruppe setzten. Sollte sie vielleicht doch …? Nervös spielte Jana an ihrer Halskette herum. Die Halskette von Maike. Was würde Maike wohl sagen, wenn sie hier wäre? Jana wusste die Antwort. «Natürlich gehst du zum Vorsprechen fürs Theater! Los!» Das würde ihre Freundin sagen. Da war sich Jana ganz sicher. Also nahm sie all ihren Mut zusammen und ging wieder zum Tisch des Drama Clubs. Der Junge erkannte sie sofort wieder.

«Hey, German girl», begrüßte er sie lächelnd. Immerhin schien er ihr ihren kurzen Wutanfall nicht übel zu nehmen.

«Hello», murmelte Jana.

«Do you want to sign up for the try-outs?», fragte der Junge freundlich und hielt ihr die Namensliste entgegen.

«I … don't know …», jetzt war sich Jana plötzlich doch nicht mehr so sicher.

«Do you like acting?», fragte der Junge interessiert. «Have you been in a play before?»

«Yes …», sagte Jana. «I was in the drama club at my old school. In Germany.» Der Junge nickte begeistert. «I like acting», fügte Jana mutig hinzu.

«I really think you should try out then. You've got nothing to lose, right?», sagte er und drückte ihr kurzerhand den Stift in die Hand.

Jana setzte ihren Namen auf die Liste.

«Great!» Der Junge strahlte sie an. «I'll see you at the try-outs then!»

«Great!», sagte Jana auch und ging langsam zurück zu Katie und Jake, die jetzt beide am Basketball-Tisch standen. Eins war zumindest klar: viel peinlicher als der Tag heute konnte das Vorsprechen fürs Theater auch nicht werden.

Kapitel Zehn –
A Mexican dinner

The ninth graders got out of school early that day. Jake was very excited: he had signed up for the basketball try-outs! Maybe he would really be on the Boulder Central High basketball team! But it was going to be very hard. There were so many good basketball players at the school. Jake knew there was only one way he could make it: he had to practice, and practice, and practice. So, after his first day of school, Jake put on his running shoes. First, he went jogging for an hour. Then he did sit-ups and push-ups in his bedroom for twenty minutes. After that, he went back outside with his basketball and worked on his dribbling and shooting. Jake hardly ever missed the hoop. But there were many boys at Boulder Central High who were taller than him, and stronger. He had to train harder than everybody else. He had to make it onto the team.

It was already evening when Katie came out of the house. She watched her brother play for a few minutes before she started talking.

«You're such a fantastic player,» Katie said admiringly. «When are the basketball try-outs anyway?»

«Tomorrow,» Jake answered quickly and threw the ball.

«Jana is coming over for dinner soon, remember?» Katie changed the subject.

«Oh, right!» Jake answered and stopped dribbling the ball. He had completely forgotten the time.

«I'm cooking the best dinner!» Katie said. «Jana is going to love it!» Then she paused for a moment. «What do you think Germans normally eat?»

Jake had no idea. «Bratwurst? And Sauerkraut?» he guessed.

«I love that!» Katie said and smiled. «We should totally make some German food some time!»

Suddenly, Jake noticed that he was very hungry. He was glad Katie was cooking tonight. He liked normal American food best, hamburgers, French fries, and sandwiches. Wondering what Katie had made, he took a shower and got dressed to have dinner with Jana and his sister.

Ganz im Gegensatz zu Jake hatte Jana den freien Nachmittag faul auf dem Sofa verbracht. Erst hatte sie ein bisschen ferngesehen, aber von all den englischen Stimmen war sie nur noch schläfriger geworden, als sie sich ohnehin schon fühlte. Sie war sowieso ständig müde, seit sie in Colorado angekommen war. Sie brauchte nur ein paar Treppenstufen hinauflaufen, schon war sie komplett außer Atem. «Vielleicht liegt das noch an der Zeitumstellung», dachte Jana und gähnte, «oder an der Wärme.» Es war bisher jeden Tag sehr heiß gewesen und abends gab es oft Gewitter mit grellen Blitzen und ohrenbetäubendem Donner. Kein Wunder, dass man von so einem Wetter müde wurde!

Nachdem Jana einige Stunden halb schlafend, halb grübelnd verbracht hatte, begann sie, sich für das Essen bei Jake und Katie fertig zu machen. Wie wohl die Eltern der beiden waren? Und was es wohl zu essen geben würde?

Jana zog einen Jeansrock und ihr liebstes türkisfarbenes Top an. Dazu sah der herzförmige Kettenanhänger von Maike mit seinen türkis-funkelnden Steinchen besonders gut aus. Während sie sich so im Spiegel betrachtete, fiel ihr etwas ein: Vielleicht hatte Maike schon auf Ihre E-Mail geantwortet! Sie schaltete den Computer an und tippte ihr Passwort ein. Das Postfach öffnete sich – und tatsächlich: «You have one new message» stand da auf Ihrem Bildschirm.

An: Jana
Von: Maike
Betreff: Hallo aus Deutschland

Hi Jana,
ich habe mich sooooo über deine Mail gefreut! Amerika klingt wirklich cool. Hier ist es schrecklich langweilig ohne dich. Im Bus sitze ich jetzt immer alleine und sogar die Theater-AG macht ohne dich keinen Spaß.
Ich mache jetzt immer schon vor der Schule meinen Computer an, um zu sehen, ob du noch online bist – und wenn ich mittags nach Hause

komme auch. (Wegen der Zeitverschiebung ist es ganz schön schwierig, dich überhaupt zu erwischen!) Wir müssen UNBEDINGT bald chatten, dann kannst du mir erzählen, was alles noch passiert ist.
Deine allerallerbeste Freundin,
Maike

Jana schaute auf Ihre Uhr. Am liebsten hätte sie Maike gleich wieder geantwortet. Doch es war nicht mehr genug Zeit, und schließlich wollte sie Jake und Katie nicht warten lassen. Also schaltete sie den Computer wieder aus, warf noch einen prüfenden Blick in den Spiegel und schlüpfte in ihre Flipflops, denn diese Schuhe, das hatte Jana schon festgestellt, trugen hier wirklich alle immer und überall. Sie verabschiedete sich von ihrem Vater, der noch am Schreibtisch über einem Dokument brütete, und ging zum Haus von Jakes und Katies Familie.

An deren Tür war ein Namensschild angebracht. RAMIREZ, stand da. So hießen die beiden also mit Nachnamen. Besonders englisch klag das nicht gerade, fand Jana. Da es keine Klingel gab, klopfte sie laut an die Tür.

«Come in, it's open», rief jemand aus dem Haus. Verwundert drückte Jana die Türklinke. Die Haustür war tatsächlich nicht verschlossen. Sie trat in einen breiten Flur, vom dem verschiedene Zimmer abgingen. Rechts führte eine Treppe ins zweite Stockwerk.

«We're in the kitchen!», hörte sie Katies Stimme.

Jana lugte vorsichtig durch die Tür, hinter der sie die Küche vermutete, und tatsächlich entdeckte sie hier die Zwillinge. Jake stellte gerade ein paar Dosen mit Getränken auf den Tisch und Katie holte etwas lecker Duftendes aus dem Backofen.

«Hello», sagte Jana.

«Hey, Jana», sagten die beiden wie aus einem Mund.

«You look great! I love your skirt!», fügte Katie überschwänglich wie immer hinzu.

«Thank you», antwortete Jana und lächelte. Katie war wirklich supernett.

«How are you?», fragte Jake.

«I'm a little tired. At the moment, I'm often tired», antwortete Jana wahrheitsgemäß.

Katie nickte mitfühlend. «Are you always out of breath?», fragte sie.

Jana nickte erstaunt.

«Is it hard for you to run fast or walk up stairs?», fragte Jake.

Jana nickte wieder. Woher wussten die beiden das?

«Welcome to Colorado, Jana!», lachte Katie.

«It's because of the elevation», erklärte Jake.

«Ele… what's that?», fragte Jana verständnislos.

«It's because we're soooooo high up in the mountains», sagte Katie.

«The air is very thin here», ergänzte Jake. Er schnappte sich das Laptop, das neben ihm auf dem Esstisch stand und tippte etwas ein.

«Boulder is exactly 1655 meters above the ocean level», las er vom Bildschirm ab.

Jana hatte keine Ahnung, wie hoch Klein-Niederfelden lag. Aber im letzten Jahr, auf Klassenfahrt in Hamburg, hatte sie ein Schild mit einer Höhenangabe gesehen. Hamburg lag nur 6 Meter über dem Meeresspiegel. Und in Boulder waren es mehr als 1 ½ Kilometer! Kein Wunder, dass die Luft hier dünn war.

«A lot of famous sports stars come here to train», erklärte Jake. «If you're good at sports in Colorado, you'll be fantastic everywhere else!»

Auch das leuchtete Jana ein.

«You'll be OK in a few days», versprach Katie. «And if you drink a lot of water, it'll help you feel better right away.»

«Speaking of drinking, are you thirsty?», fragte Jake. «We have Vanilla Coke, Seven-Up, and Diet Coke.»

Jana nahm sich eine Dose Vanille-Cola.

«Dinner's ready», sagte Katie. «Let's eat!»

«Shouldn't we wait for your parents?», fragte Jana.

«Oh, they're not here. They are still at work», erklärte Jake. «It's just the three of us.»

Das war Jana nur recht. So war das Risiko geringer, dass noch mehr so unangenehme Dinge passieren konnten wie am Morgen in der Schule.

Katie brachte das Essen an den Tisch. Was sie zubereitet hatte, sah ein bisschen aus wie eine zusammengeklappte Pizza, schien aber keine zu sein.

«This dinner is my absolute favorite!», erklärte Katie. «Chicken quesadilla with a really hot salsa. Have you heard of salsa? It's a spicy sauce. It's sooooo good!»

«What is … kee-sa-di-ja?», fragte Jana vorsichtig, weil sie das Wort noch nie gehört hatte.

«It's a Mexican dish», erklärte Jake. «We eat a lot of Mexican food.»

«Lots of people in Colorado are originally from Mexico», fuhr Katie fort. «Our Dad's family, for example.»

«Oh, so your last name …», fing Jana an,

«… is Spanish!», beendete Katie ihren Satz.

«I'm so hungry!», warf Jake ungeduldig ein. Er schien sich deutlich mehr für das Essen als für seine Familiengeschichte zu interessieren. «Do you want to try some of the food, Jana?»

«Of course», lachte Jana und ließ sich von Jake ein großes Stück der Quesadilla abschneiden.

When Jana has left later in the evening, Katie and Jake cleaned up the kitchen.

«You were right,» Katie told her twin brother. «Jana is really super-nice.»

«Yup,» Jake said.

«And she loved my quesadilla!» Katie said proudly.

«Yeah,» Jake nodded. «She had three pieces!»

«We forgot to ask her what German people normally like to eat,» Katie remembered.

«I also wanted to ask her how she likes the grandmas' house, but I forgot that, too,» Jake added.

«Stop calling it the grandmas' house, Jake,» Katie told her brother. «It's not the grandmas' house anymore.»

«I know, I know,» Jake said. «It's the Germans' house now.»

Katie laughed. Then she changed the subject.

«Did you see Jana's necklace?» Katie asked her brother.

Jake had noticed that Jana was wearing a necklace, but he hadn't really looked at it.

«What about it?» he asked Katie.

«You didn't see her necklace? It was so pretty! And it had a heart on it. A heart!» she explained.

«OK …?» Jake still didn't know why Katie was talking about this.

«I think that Jana has a boyfriend in Germany,» she told Jake.

«What!? Why?» Now Jake was shocked.

«You are so slow!» Katie complained. «I think the necklace is a present from her boyfriend! In fact, I'm totally sure it is!»

Jake didn't like what he heard one bit. Maybe Jana really had a boyfriend in Germany. That would be really bad news! Why else would she wear a necklace with a big heart on it? Jake had to find out if Katie was right or wrong, but he couldn't worry about that now. After all, tomorrow was an important day: tomorrow was the day of the basketball try-outs.

Chapter Eleven –
Eins, zwei, drei

Nach dem Begrüßungstag in der High School begann die Schule für Jana am zweiten Tag eigentlich erst richtig. Zusammen mit vielen anderen Neuntklässlern, von denen Jana jetzt immerhin schon einige mit Namen kannte, lief sie von einem Unterrichtsraum zum nächsten. Komischerweise gab es hier gar keine festen Klassenzimmer, wie Jana es aus Deutschland gewohnt war. Stattdessen mussten die Schüler für jedes Fach in einen anderen Raum wechseln, in dem die Lehrer schon auf sie warteten. Nach einem anstrengenden Vormittag mit Spanisch, Englisch, Mathe und Erdkunde ging Jana mit Katie zum Mittagessen in die Schulcafeteria.

Die beiden Mädchen stellten sich in die Schlange für die Essensausgabe. Während Katie wie immer mit vielen Worten erzählte, was ihr am Vormittag schon alles Aufregendes passiert war, warf Jana einen vorsichtigen Blick auf das Angebot. Es gab Pommes, etwas, das wie frittiertes Hühnerfleisch aussah, und Hamburger. Gar nicht schlecht, fand Jana. Alles ein bisschen fettig, aber auf jeden Fall mehr nach ihrem Geschmack als langweilige mitgebrachte Pausenbrote. Beide Mädchen entschieden sich für einen Hamburger. Dazu kaufte sich Jana eine Flasche Wasser und Katie nahm eine Dose Cola und eine kleine Tüte Chips.

«Jake can't come to lunch today», informierte sie Jana.

«Why not?», fragte Jana. «Where is he?»

«He's at the basketball try-outs», erklärte Katie. «It's so exciting! I really hope he makes it!»

Natürlich! Die Theatergruppe hatte ihr Vorsprechen erst morgen, aber die Basketball-Vorauswahl fand schon heute statt. Wie es wohl lief für Jake?

«RUN! RUN! RUN!» the coach shouted. «Faster! You've got to be faster!»

Jake could feel the sweat on his face as he ran through the big gym as fast as he could. There were 20 boys running with him. All of them were very tall, very strong – and very fast.

«OK boys,» the coach shouted. «Down on the ground! Forty push-ups! Go! 1, 2, 3 …»

Jake dropped to the floor with the other boys and pushed himself up on his arms and feet. 12, 13, 14 … he was almost out of breath. 20, 21, 22 … Jake tried to think about something else. Something nice. He tried to think about Jana. She was nice. And pretty. 38, 39, 40. Done! Jake dropped straight down to the floor.

Then the coach yelled something again.» OK, how about just one more? One more push-up, everyone!» Jake tried to concentrate on his favorite song. He tried to sing it to himself in his head, but all he could think of now was how much his arms hurt. He pushed, and he did his best not to start shaking. This was hard! He heard the boy next to him fall back down with a sigh.

«OK!» the coach shouted. «Pretty good, boys, but it looks like we have a lot of work ahead of us.»

Everyone got up. Jake saw that all the other boys looked exhausted and very tired, too. And this was only the first hour of the try-outs! They hadn't even touched a basketball yet.

Nachdem Jana und Katie ihre Hamburger verdrückt hatten, war immer noch etwas von ihrer Mittagspause übrig.

«I have the perfect idea!», sagte Katie. «We can go and watch the basketball try-outs!»

«Can we do that?», fragte Jana überrascht.

«Oh, yeah, absolutely!», Katie nickte. «Let's go!»

Also folgte Jana Katie in die Sporthalle der Schule. Es gab eine riesige Zuschauertribüne, auf der sich schon viele Schüler versammelt hatten. Die Basketballtests waren im vollen Gange. Jana brauchte einen Moment, um Jake unter den vielen Spielern auf dem Feld auszumachen. Da war er! Er trug, wie alle anderen, ein schwarzes Trikot mit einem goldenen Emblem auf der Vorderseite und dribbelte konzentriert mit einem Ball, den er als nächstes geschickt einem anderen Jungen zuwarf. Auch die anderen Spieler hatten Bälle, mit denen sie in kleinen Gruppen trainierten.

Am Spielfeldrand stand ein Mann, der sich auf einem Schreibblock Notizen machte und hin und wieder etwas durch die Sporthalle brüllte. Jana konnte ihn nicht verstehen, aber er klang ziemlich unfreundlich.

«That's the coach», erklärte Katie, die Janas Blick gefolgt war. «He's very strict. But he's also one of the best basketball coaches in Colorado.»

«Where did all the boys get the same shirts?», fragte Jana als nächstes. Das hier waren zwar nur die Vorentscheidungen, aber in ihren Augen sahen die Spieler jetzt schon wie ein professionelles Team aus.

Katie guckte verwundert. «Those are our school colors, of course», erklärte sie. «Black and gold. I love those colors! Don't you? Anyway, all the team members get those shirts. The coach probably lets them wear them now to motivate them.»

Von Schulfarben hatte Jana noch nie etwas gehört. Und was war das für ein Aufdruck auf den Oberteilen? Katie schien Janas Gedanken erraten zu haben.

«Do you see the picture on the shirts? That's a golden tiger, and we are the BC Tigers!», erklärte sie stolz.

«BC Tigers?», fragte Jana.

Katie nickte, als ob das die einleuchtendste Sache der Welt war. «Boulder Central Tigers», erklärte sie. «That's the name of our school's teams. Isn't that cool? I love being a BC Tiger!»

Jana war beeindruckt. Schulfarben, Schulteams und jetzt auch noch ein Tiger als Schulsymbol. Das war wirklich alles ganz anders als in Deutschland.

Während Jana noch so nachdachte, wurde es plötzlich ruhig in der Sporthalle. Die Spieler hatten sich um den Trainer geschart.

«It's getting serious now», flüsterte Katie Jana zu.

«What's happening?», wisperte Jana zurück.

«They are going to shoot baskets», erklärte Katie. «That's the most important part of the try-outs!»

Gespannt beobachtete Jana das Spielfeld. Vor seinem Haus hatte Jake den Korb fast immer getroffen. Wie er wohl heute abschneiden würde?

Jake felt nervous. He was tired. His arms hurt. His knees felt weak. There was only one boy in front of him now. In a few seconds, it would be Jake's turn. He had to throw the ball three times. He had to score three times. He simply could not miss the basket.

«I can do it …» Jake told himself. «I can do it …»

«Next!» the coach shouted. «Jake Ramirez!»

Jake caught the ball from the coach. It was his turn. His chance to be on the high school basketball team. «I can do it!» Jake said to himself again. He took a deep breath and went onto the court.

Jake's first shot was perfect. He took some steps, bounced the ball on the ground twice, stood still, and shot. The ball swished right through the net without even touching the inside of the metal rim.

Shot number two. Jake took another deep breath. He stood, bounced the ball, cleared his mind, shot – and again! The ball fell right into the basket. This time it hit the inside of the metal rim, and swung back and forth in the net before falling through.

Shot number three. Jake concentrated very hard. He dribbled the ball for a moment. It was now or never.

Jake stood and looked at the basket. He wanted to demonstrate his speciality – the jump-shot. He took a few steps back, jumped straight up, snapped his wrist and made an elegant shot that …

missed!

It was so close! The ball almost flew right into the basket, but then it hit the rim on the inside with a loud sound, and flew back out in the other direction.

Jake closed his eyes.

«Next!» the coach shouted.

«No!», rief Katie. Sie war vor Schreck von ihrem Platz aufgesprungen.

«O nein!», rutschte es Jana im gleichen Moment heraus.

«I can't believe it», murmelte Katie. «This is crazy! He missed! He never misses!»

Jana guckte hilflos aufs Spielfeld, wo schon längst der nächste Spieler an der Reihe war.

«This is bad», sagte Katie und ließ sich wieder auf ihren Sitz fallen. «Poor Jake.»

«What is going to happen now?», fragte Jana. Es konnte doch nicht sein, dass Jake wegen eines winzig kleinen Fehlers keine Chance mehr hatte, ins Schulteam aufgenommen zu werden!

«I don't know», seufzte Katie. Dann wiederholte sie noch einmal: «Poor Jake …»

Jana suchte die Sporthalle mit ihren Augen nach Jake ab. Wieder konnte sie ihn nicht sofort entdecken. Dann sah sie ihn. Er saß ganz allein und völlig regungslos am Spielfeldrand. Den Kopf hatte er tief in seinen Armen vergraben. Armer Jake.

Kapitel Zwölf – **What a drama!**

Jake war nach dem Basketball-Auswahltraining nicht mehr in der Schule aufgetaucht. Jana sah ihn erst am nächsten Morgen an der Bushaltestelle wieder. Hätte Jana nicht so viel Mitleid gehabt, hätte sie fast ein bisschen lachen müssen, als Jake mit hängenden Schultern die Straße entlanggeschlurft kam. Noch nie hatte sie einen Menschen gesehen, auf den die Redewendung vom begossenen Pudel so gut passte.

«Hello, Jake!», sagte Jana und schenkte ihm ihr strahlendstes Lächeln.

Ein tonloses «Hey» war alles, was sie als Antwort bekam.

Um nicht über den verpatzten Wurf vom letzten Tag reden zu müssen, fragte Jana: «Where is Katie? Is she not coming to school today?»

«She's late. She's coming in a minute», antwortete Jake und verfiel dann wieder in dumpfes Schweigen.

Jana nahm sich ein Herz. «I think you played basketball well yesterday», erklärte sie.

«I played well? Are you joking?», stieß Jake ärgerlich hervor. «I missed the basket! I made a huge mistake! It should have been easy and I … I just messed it up!»

«I … I'm sorry», sagte Jana. «But maybe you can still make it onto the team? Maybe there is still a chance?»

Jake guckte sie an, als wäre sie komplett verrückt geworden. «I – was – terrible – yesterday», wiederholte er betont langsam, als hätte Jana ihn beim ersten Mal nicht richtig verstanden.

Jetzt kam auch Katie zur Bushaltestelle gelaufen. Ihre Begrüßung fiel um einiges herzlicher aus.

«Hey girl, how are you today? You look wonderful! I love your shirt!», rief sie strahlend. Dann fragte sie: «Are you nervous? I bet you are!»

«Oh, yes», sagte Jana. «I'm very nervous.»

Jake, der betrübt vor sich auf den Boden gestarrt hatte, wandte sich jetzt doch wieder an Jana. «Why are you nervous?», fragte er etwas schroff.

«The drama club try-outs are today», erklärte sie.

Jake nickte nur und guckte wieder unbeteiligt vor sich hin.

«At what time are they?», fragte Katie interessiert.

«At 3 o'clock», antwortete Jana. Allein bei dem Gedanken, dass sie heute Nachmittag vor einem Haufen Amerikaner auf einer Theaterbühne stehen sollte, bekam sie eine Gänsehaut.

«I think you will be fantastic», sagte Katie.

Jana freute sich über Katies Unterstützung, zweifelte aber sehr, dass sie recht hatte. Wenn die Schauspieler auch nur halb so gut waren wie gestern die Basketballer, würde sie es nie und nimmer schaffen.

During class that day, Jake still felt bad. He still couldn't believe that he had missed the third shot in the try-outs. It had been his chance to be on the high school basketball team! And he had made a mistake; he had tried to show off his jump-shot and missed the basket. It seemed like his big dream was over.

‹I'll never be on the team›, Jake thought sadly. ‹I'll never play basketball again.›

Jake looked around the classroom. There was his sister, and Jana right next to her. Jana looked really nervous.

Suddenly, Jake felt that he had been unfair to Jana at the bus stop. It wasn't Jana's fault that he had missed the basket! And she had even tried to make him feel better.

Jake ripped out a page from his notebook. He took his pen and wrote a short note. He folded it and wrote Jana's name on it. Then, when the teacher was writing something on the blackboard, he threw the note across the room. It landed on Jana's desk.

Jake saw that Jana looked at the note. She read her name on it. Then she unfolded it. She had to be careful because the teacher was now looking at the class again. When she had read the note, she wrote something with her pencil, folded the note and threw it back.

Jake caught the piece of paper. He unfolded it again and

read what Jana had written under his note. It wasn't much, but Jake was very happy to see that she wasn't angry.

Jana –
I'm sorry I was angry this morning.
Just wanted to say GOOD LUCK for
the drama club try-outs.
Jake

Hello Jake,
Thank You. ☺
Jana

Pünktlich um drei Uhr betrat Jana die Aula der Schule. Hier fand das Vorsprechen für die Theatergruppe statt. Der Raum war riesig und auch die Bühne kam Jana doppelt so groß vor wie an ihrem ersten Schultag, als die Schulleiterin hier ihre Begrüßungsansprache gehalten hatte.

Die Aula war heute komplett leergeräumt. Ein paar Meter vor der Bühne standen jedoch drei Tische und dahinter drei Stühle. Auf jedem Tisch lagen ein Stapel Zettel und ein Stift. Da sitzt gleich die Jury, schoss es Jana durch den Kopf.

In einer Ecke des Raumes hatten sich ziemlich viele Schülerinnen und Schülern versammelt, die aufgeregt tuschelten. Jana trat vorsichtig an die Gruppe heran, konnte aber kein bekanntes Gesicht entdecken. Am liebsten wäre sie einfach wieder gegangen.

In dem Moment hörte sie eine Stimme von der Bühne.

«Hey, German girl!»

Jana hob ihren Blick. Da oben stand der Junge, bei dem sie sich vor zwei Tagen für das Vorsprechen angemeldet hatte. Er winkte ihr aufmunternd zu. Jana winkte schüchtern zurück.

Dann klatschte der Junge dreimal laut in die Hände. Das leise Gemurmel verstummte und alle wandten sich zur Bühne.

«Welcome to try-outs for our next Drama Club production!», rief der Junge. «My name is Tommy, I'm a senior here at Boulder Central, and I'm the director.»

Was ein ‹senior› war, wusste Jana zum Glück ja schon. Und sie glaubte sich zu erinnern, dass ‹director› das englische Wort für Regisseur war. Sie hatte also rein zufällig schon den Theaterregisseur kennengelernt!

Der Junge auf der Bühne, Tommy, hatte noch mehr zu sagen.

«I'm not only the director, I also wrote this year's play. It's called Crazy Days, and it's a very funny comedy», erklärte Tommy. «For the play, we need five girls and five boys. We also need quite a lot of backstage technicians, a make-up crew and a costumes team so I think we can find some work for everyone here.»

Jana zählte schnell die Anwesendenden durch. Es waren sicher 20 Jungen und Mädchen da. Das hieß, dass die Hälfte von ihnen keine Rolle bekommen würde.

«I want you all to come on stage, tell us something about yourselves, and play the scene that you prepared for today», fuhr Tommy fort.

Jana fühlte Panik in sich aufsteigen. Hatte dieser Tommy gerade gesagt, sie sollten eine Szene vorspielen, die sie für heute eingeübt hatten? Die anderen um sie herum nickten eifrig. Sie schienen alle bestens vorbereitet. Jana hätte sich ohrfeigen können. Die einzige Rolle, die sie im Kopf hatte, war die aus dem Stück der Theater-AG vom letzten Jahr. Und die war – natürlich – auf Deutsch.

Während ein Schüler nach dem anderen auf die Bühne trat und eine tolle Show ablieferte, hatte Jana sich unauffällig in den hinteren Teil der Aula verzogen. Wahrscheinlich wäre es am besten, einfach zu verschwinden. Wie war sie überhaupt auf die verrückte Idee gekommen, zu diesem Vorsprechen zu gehen? Gerade wollte sie sich endgültig aus dem Staub machen, da hörte sie ihren Namen. Jetzt war es zu spät zum Flüchten.

«Next up, Jana Fischer!», rief eine der Personen am Juroren-Tisch.

Jana hatte plötzlich puddingweiche Knie. Sie musste auf die Bühne. Langsam ging sie nach vorn und stieg die kleine Treppe an der Seite der Bühne hinauf.

Tommy, der Regisseur, und die anderen beiden Jury-Mitglieder sahen sie freundlich an.

«Hello», sagte Jana mit piepsiger Stimme.

«Louder, please!», rief irgendjemand von der Seite.

«Hello», wiederholte Jana und bemühte sich, laut zu sprechen.

Die drei Juroren blickten abwartend zu ihr hinauf.

«My name is Jana Fischer, I'm …», Jana machte eine kurze Pause. «I'm a freshman. I'm from Germany.» Das hatte sie zumindest fehlerfrei herausbekommen. Jetzt wurde es allerdings erst richtig ernst.

«What did you prepare for us today, Jana?», fragte Tommy.

«I … didn't …», fing Jana an. War das peinlich! «I didn't know … I didn't prepare anything.»

Irgendjemand lachte. Die Jurymitglieder steckten die Köpfe zusammen.

«You told me you were in a play before», sagte Tommy dann.

Jana nickte.

«What play was that?», fragte er weiter.

«It was a comedy by Shakespeare», erklärte Jana und versuchte krampfhaft, sich an den englischen Namen des Stücks zu erinnern. «Much …»

«Much Ado about Nothing!», fiel Tommy ihr ins Wort. «Fantastic! Who did you play?»

«Beatrice», antwortete Jana zögernd.

«Wonderful!», Tommy schien jetzt richtig begeistert. «Can you do one of Beatrice's scenes?»

«But … it's … in German!», sagte Jana verzweifelt.

«That's great! No problem! Work with that!», rief Tommy ihr aufmunternd zu.

Jana holte tief Luft. «Jetzt oder nie», dachte sie. Und dann spielte sie, als ob es das Normalste auf der Welt wäre, ihre liebste Szene aus *Viel Lärm um Nichts*, von der außer ihr niemand ein Wort verstand.

Als sie ihren letzten Satz gesprochen hatte, fingen die Jurymitglieder wieder an zu flüstern.

Dann ergriff Tommy noch einmal das Wort.

«Thank you, Jana. Or should I say, ‹Thank you, Beatrice›?» Er lachte. Dann wurde er wieder ernst. «Next, please!»

Jana wusste nicht, was sie denken sollte. Hatte Tommy nichts weiter gesagt, weil sie furchtbar schlecht gewesen war? War es doch keine gute Idee gewesen, auf Deutsch zu spielen? Verwirrt, aber zumindest ein bisschen erleichtert, dass sie das Vorsprechen hinter sich gebracht hatte, verließ Jana die Aula.

Chapter Thirteen – ***Spaziergang***

Am gleichen Abend erlebte Jana eine Überraschung. Während sie in ihrem Zimmer gegen einen riesigen Berg von Hausaufgaben ankämpfte und sich immer wieder dabei erwischte, dass sie schon wieder über ihren Theaterauftritt am Nachmittag gegrübelt hatte, klingelte es an der Haustür. Sie hörte Stimmen, dann rief ihre Mutter ihren Namen. Jana lief die Treppe hinunter. Vor der Tür stand Jake. Allerdings war er diesmal nicht allein.

«Ooh, ist der niedlich!», rutschte es Jana vor Begeisterung auf Deutsch heraus. Sie streichelte den großen schneeweißen Hund, der brav neben Jake an der Eingangstür stand. «I didn't know you had a dog!»

«He's not our dog», erklärte Jake. «But I sometimes take him for a walk. His name is Hector.»

«He's so cute!», antwortete Jana bewundernd.

«I was wondering if you would like to go for a walk with Hector and me», sagte Jake dann.

Und ob Jana wollte!

Jake was happy that Jana had agreed to come with him. Hector the dog was helping him out again!

«How did the drama club try-outs go?» Jake asked right away.

«Oh, I don't know …» Jana didn't seem very happy about his question. «Not so good, I think.»

«What happened?» Jake wanted to know.

«I had to act a scene. But the only scene I knew was in German,» she explained.

Jake laughed. «You played a scene in German?»

«Yes,» Jana nodded.

«Oh, wow! You're crazy!» Jake laughed. He was glad to see that Jana was smiling back at him.

«Do you think that they will pick you for the drama club?» he asked.

Jana shook her head. «I really don't think so.»

Before Jake could say anything, Jana asked him a question.

«What about you?» she said. «Do you think you will be picked for the basketball team?»

Jake stopped laughing. «Never!» he said sadly. «They will never pick me.»

«But maybe you will be lucky!» Jana answered. She sounded very optimistic.

«I don't think so,» Jake said, «but we will know more on Monday.»

Jana nodded. Next Monday, at 12 o'clock, they would find out who made it into the school teams and clubs.

Während sie mit Jake und dem süßen weißen Hund die Straße entlanglief und sie sich über dies und das unterhielten, fühlte Jana sich endlich wieder etwas entspannt. Die ganze Zeit über hatte sie sich Gedanken über ihren Auftritt gemacht, den die Jurymitglieder sicher schrecklich gefunden hatten. Es war gut, dass sie Jake davon erzählt hatte. Jetzt konnte sie sogar ein bisschen über die seltsame Situation auf der Bühne lachen.

Als sie wieder vor ihrem Haus angekommen waren, fiel Jana etwas ein, das sie Jake schon immer hatte fragen wollen.

«Remember when we first met?», fragte sie.

«Sure», antwortete Jake und warf ein Stöckchen für Hector. «Why?»

«You said that I live in the grandmas' house», sagte Jana. «What did that mean?»

Jetzt lachte Jake wieder. «Before your family, three very nice old ladies lived in your house», erklärte er. «That's why Katie and I always called it the grandmas' house. That's all.»

Das war eine einfache Erklärung. Und irgendwie konnte Jana sich gut vorstellen, dass drei nette alte Damen in dem schönen blauen Haus gewohnt hatten. Es passte irgendwie.

«I don't call it the grandmas' house anymore», sprach Jake weiter. «Now I call it the Germans' house.

«Good name», sagte Jana und grinste. Das passte doch viel besser.

Plötzlich schien Jake etwas eingefallen zu sein. Er deutete auf Janas Halskette, an der wie immer das türkisfarbene Herz funkelte.

«That's a nice necklace», sagte er. «Do you wear it every day?»

«Yes, I do», antwortete Jana. Jake nickte interessiert, aber Jana hatte das Gefühl, dass er noch auf etwas anderes hinauswollte.

«Is it from Germany?», fragte er.

Jana nickte. «It is a present from my German friend», erklärte sie strahlend. «My very special friend Maike.»

Diese Antwort schien Jake gar nicht zu gefallen. Auf einmal blickte er wieder genauso düster drein wie am Morgen an der Bushaltestelle.

«Oh, OK», sagte er nur. Dann fügte er gleich hinzu. «Well, I should probably take Hector home now.»

«Really?», fragte Jana. Sie war verwirrt über Jakes Stimmungsumschwung. Hatte sie vielleicht irgendetwas falsch verstanden?

«I'll see you later», murmelte Jake und zog mit Hector an der Leine davon.

After returning Hector to his owners' house, Jake went home. He looked for Katie in the living room, but she wasn't there. So he went to her room again.

«Come right in!» Katie shouted when Jake appeared at the door. Katie was at her desk, doing homework. She smiled at her brother. «You're coming to my room twice in one week? What's going on this time, little brother?» she asked right away.

«Aaaahm,» Jake began slowly, «it's about Jana. I think you were right.»

«Of course I was right! But – what exactly was I right about this time?» Katie asked.

«I think she has a boyfriend,» Jake answered sadly. «She said the necklace was from her special friend in Germany.»

«I knew it!» Katie said triumphantly. When she saw her brother's sad face she changed her tone. «Did she say anything else?» «No,» Jake shook his head. «She only said it was from her special friend Mike or Mikey or something like that.»

«Mike or Mikey?» Katie asked. «That must be short for Michael.»

«I know!» Jake said gloomily.

Wieder in ihrem Zimmer angekommen, konnte Jana sich noch weniger auf ihre Hausaufgaben konzentrieren. Nicht nur, dass ihr der peinliche Theaterauftritt im Kopf herumspukte, jetzt musste sie sich auch noch über Jakes komisches Verhalten wundern. Sicher hatte sie irgendetwas falsch verstanden. Oder hatte sie ihn etwa, ohne es zu merken, beleidigt? Warum sonst war er erst so freundlich und dann wieder so abweisend gewesen? Jana konnte sich keinen Reim darauf machen. Anstatt weiter auf ihr Spanischbuch zu starren, ohne mit der Aufgabe voranzukommen, klappte sie das Laptop auf. In Deutschland war es schon Nachmittag, vielleicht war auch Maike gerade am Computer! Jana öffnete das Chatprogramm und grinste, als sich die Liste ihrer Chat-Freunde öffnete, denn Maike war tatsächlich online. Sofort schrieb Jana ihrer besten Freundin eine Nachricht.

GeRmAnGiRL: Hallo, Maike!!
Maike-123: Jana, bist du das?
GeRmAnGiRL: JA! Gefällt dir mein neuer Chat-Name? ☺
Maike-123: Passt sehr gut. ☺ Wie geht's Dir?
GeRmAnGiRL: Ach, ich weiß auch nicht … ist alles etwas kompliziert hier … Habe dir doch von Jake erzählt, oder?
Maike-123: Das ist dein Nachbar, richtig?
GeRmAnGiRL: Er ist echt komisch. Manchmal ist er supernett zu mir - und dann denke ich wieder, er findet mich schrecklich.
Maike-123: seltsam. Vielleicht kannst du ihn einfach fragen, was los ist?
GeRmAnGiRL: Mmh, ich weiss nicht. Das ist doch total peinlich.
Maike-123: Stimmt. ☺ Habe leider auch keinen guten Tipp.

GeRmAnGiRL: Hey, wann kommst du eigentlich zu Besuch?
Maike-123: Ich weiss nicht, meine Eltern wollen irgendwie nicht, dass ich fahre. Sie sagen, dass es zu teuer ist und zu weit weg …
GeRmAnGiRL: Oh nein, du MUSST kommen!! ☺
Maike-123: Ich würde am liebsten sofort kommen! aber du kennst ja meine Eltern …!
GeRmAnGiRL: Vielleicht kannst du sie ja doch noch überzeugen??
Maike-123: Ich versuche es, aber es sieht schlecht aus … muss jetzt leider offline gehen … aber wir chatten bald wieder, ja?
GeRmAnGiRL: Ja!! Bis dann!!
Maike-123: Tschüs!!

Jana klappte das Laptop zu. Sie war schrecklich enttäuscht. Schließlich hatte sie fest damit gerechnet, Maike schon bald wiederzusehen. Ohne diese Vorfreude schien alles total sinnlos. Sie starrte eine Weile aus dem Fenster. Dann nahm sie sich, noch missmutiger als zuvor, wieder ihr Spanischbuch vor. Egal was sonst so los war, die Hausaufgaben machten sich schließlich nicht von selbst.

Kapitel Vierzehn –
The lists

Nach ein paar endlos langen Schultagen und einem Wochenende, das Jana fast komplett vor ihren Schulbüchern verbracht hatte, war sie am Montagmorgen immer noch in schlechter Stimmung. Zu wenig Schlaf, zu viele Hausaufgaben, schlechte Chancen, dass Maike kam – und was war überhaupt mit Jake los? Er war nach wie vor ziemlich kurz angebunden, sobald Jana in seine Nähe kam. Plötzlich vermisste Jana ihr altes Zuhause noch mehr als je zuvor. Wie viel einfacher die Schule noch war, als sie ihre Hausaufgaben auf Deutsch machen konnte! Und – Jana musste fast heulen bei dem Gedanken – wie schön es gewesen war, immer alles mit Maike zusammen zu tun. Warum hatte ihre Mutter nur diesen blöden Job angenommen? Warum hatten sie nicht, wie eine ganz normale Familie, einfach in Klein-Niederfelden bleiben können?

Versunken in diese Gedanken, verbrachte Jana den Montagvormittag. Auch Jake, der in jeder Schulstunde in Janas Nähe saß, guckte meistens missmutig aus dem Fenster. Katie, die wie immer in bester Stimmung war, konnte Jana und Jake nicht aufmuntern. Erst als sie zur vierten Stunde – der letzten Stunde vor der Mittagspause – nach Jake und Jana in den Unterrichtsraum kam, hatte sie Neuigkeiten, die Jana aufhorchen ließen.

«The lists are out!», rief sie aufgeregt. «Jana, Jake, the lists are out!»

Die Listen! Damit konnte sie nur die Aushänge meinen, auf denen die Namen der Schülerinnen und Schüler standen, die es in die Schulteams und -clubs geschafft hatten!

«Whatever!» Jake said grumpily when his sister announced the news. He didn't care about the lists. He was sure he hadn't made it onto the basketball team anyway.

«You could at least go and look!» Katie told her brother.

«I don't want to!» he answered angrily. «Why don't you go?»

«Nooooo,» Katie said. «You went to the try-outs, so you have to look at the lists.»

Jake shook his head. «I'm not interested.»

«What about you, Jana?» Katie turned away from Jake. «Are you going to look at the lists?»

«Oh, I don't know …» Jake heard Jana say vaguely.

«Oh come on, you two!» Katie looked from Jake to Jana and shook her head.

Jake didn't say anything. He saw that Jana looked like she didn't know what to do.

«I think you should go, both of you!» Katie said. «Come on! Jake! Jana! What if you actually did get picked? You have to at least know for sure.»

Jake still didn't answer.

Then he heard Jana speak. «I'll go if Jake goes,» she said.

Jake looked up. Jana and Katie were smiling at him.

«OK, OK,» he grumbled. «I'll go and look at the stupid lists.»

Nach der Stunde scheuchte Katie Jana und Jake in die Aula, denn hier hingen die Listen aus. Jana war sich sicher, dass ihr Name nicht auf dem Aushang stehen würde. Wer wollte bitte schön eine Schauspielerin, die noch nicht mal vernünftig Englisch konnte? Trotzdem klopfte ihr Herz bis zum Hals, als sie die Namensliste der Theatergruppe entdeckte. Bevor sie sie genauer in Augenschein nahm, sah Jana sich nach Jake um. Vor der Pinnwand, an der die Namen der Spieler hingen, die es ins Basketballteam geschafft hatten, stand eine große Menschentraube, in die Jake sich gerade hineindrängelte. Jana wandte ihren Blick wieder zur Theater-Liste. Zehn Namen standen da. Zeile für Zeile las Jana die Liste. Und dann, beim vorletzten Namen, stockte ihr der Atem.

- Jana Fischer

Wie vom Donner gerührt, starrte sie auf die elf Buchstaben, die da tatsächlich schwarz auf weiß auf dem Aushang standen. Unglaublich! Sie hatte es wirklich in den Drama Club geschafft!

Genau in diesem Moment ertönte ein ohrenbetäubender Jubelschrei von der anderen Seite des Raumes.

Jana fuhr herum. Aus der Menge vor dem Basketball-Aushang sprang Jake wie ein Verrückter hervor, mit hochgerissenen Armen und dem glücklichsten Gesicht, das Jana je gesehen hatte.

«I MADE IT!! I MADE IT!! OH MY GOD!! I MADE IT!!», brüllte er ihr schon von der Ferne zu.

«Me, too!», rief Jana strahlend zurück.

Jake could not believe it. He was on the basketball team! After all his worries, he had made it! It seemed like magic. He jumped around and shouted and gave a big hug to Jana. She had made it, too! She was on the drama club!

Jake took Jana's hand and pulled her with him. «We have to tell Katie,» he shouted.

They half ran, half danced all the way to the cafeteria where Katie was waiting for them. She jumped up when she saw the two come in.

«You both made it, right?», she said. Jake and Jana smiled. «I knew it!» Katie shouted and gave her brother and Jana a hug. «You two are so great! I'm so happy!»

Jake hugged his sister back, and while they were at it, he hugged Jana again. And he felt fantastic. He, Jake Ramirez, was going to be a Boulder Central High basketball player! Jake felt absolutely, totally, unbelievably fantastic.

An: Maike
Von: Jana
Betreff: News aus Amerika

Hallo Maike!
Du wirst nicht glauben, was heute passiert ist: Ich hab's geschafft!! Ich bin im DRAMA CLUB! So heißt hier die Theater-AG. Ich kann's noch gar nicht glauben! Und Jake ist im Basketballteam der Schule! Wir haben uns gefreut wie verrückt, als wir es herausgefunden haben! (Er hat mich sogar umarmt … zweimal!! Vielleicht mag er mich ja doch!! Meinst du, ich sollte ihn fragen, ob er nach der Schule mal etwas mit mir unternehmen will? Ich glaube, das mache ich einfach!)
Was gibt es in Deutschland Neues? Hast du noch einmal mit deinen Eltern geredet? Du MUSST kommen!!!!!
Deine beste Freundin
Jana

Chapter Fifteen – ***Noch mehr Theater***

Die Proben für das Theaterstück begannen schon in der folgenden Woche. Nicht halb so aufgeregt wie beim Vorsprechtermin, aber immer noch ziemlich gespannt betrat Jana den

Übungsraum. Die meisten anderen Schauspielerinnen und Schauspieler waren schon da.

Tommy, der Regisseur, verteilte gerade an jeden einen ziemlich dicken Hefter voller eng beschriebener Seiten. Das musste das Skript für das Theaterstück sein.

«German girl, hey!», begrüßte er Jana wie immer freudig und drückte auch ihr einen Hefter in die Hand. «Congratulations for making it into the play!»

«Thanks», lächelte Jana.

«Your role is really interesting, and I think you will like it», fuhr er geschäftig fort. «Personally, I think it's the perfect role for you!»

Gespannt öffnete Jana den Hefter. *Crazy Days – A Comedy*, stand als Titel auf der ersten Seite. Und dann: «Written by Tommy Williamson.» Darunter hatte Tommy eine kurze Zusammenfassung geschrieben. *This is a play about a group of friends from Colorado who win a trip around the world*, las Jana. *A lot of crazy things happen on their journey, and with the help of a very funny tour guide, they also learn a lot about each country they visit.* Das klang gar nicht schlecht, fand Jana. Und vielleicht war es ja wirklich witzig.

Sie blätterte weiter. Auf der nächsten Seite waren die Schauspielerinnen und Schauspieler aufgelistet und ihren Rollen zugeordnet. Jana suchte die Seite nach ihrem Namen ab. Da stand er!

`Jana Fischer - - the Tour Guide`

Jana war überrascht. Tommy hatte sie anscheinend für eine ziemlich wichtige Rolle vorgesehen! Jetzt musste sie unbedingt herausfinden, was in Crazy Days genau passierte. Jana blätterte wieder um und begann zu lesen.

Basketball practice had taken a few minutes longer than usual, and when Jake left the school building, he saw the big yellow school bus drive away.

«Hey, wait for me!» he shouted and ran after the bus. But it was too late. The driver didn't see him and the bus disappeared around the street corner.

«Oh no!» Jake thought. «Now I have to walk home.»

He was just about to start walking when the school door swung open and someone came running outside. It was Jana.

«Where's the bus?» she asked, sounding like she was completely out of breath. «Am I too late? Did I miss it?»

«Yep,» Jake nodded. «I saw it drive away.»

«I was reading the script for the play,» she waved a thick folder in front of Jake's face, «and I totally forgot the time.»

Jake shrugged his shoulders. «I guess we have to walk home.»

«At least we can walk together,» Jana said and smiled.

Jake didn't know what to say, so he just nodded.

After a few steps, Jana spoke again. «How was basketball practice?»

This was Jake's favorite subject. «It was great!» he said. «We played for more than two hours today and I learned so much! The coach is fantastic, and the other players are really cool.»

Jana nodded. «Do you have games against other schools?» she asked, interested.

«We have games every four weeks,» Jake explained. «But the most important game is in December, one week before Christmas.» Then Jake had an idea. «Do you want to come and watch the Christmas game?»

Jana smiled at him. «Yes!» she said. «That would be great!»

Jake felt happy. He really wanted Jana to see him play with the BC Tigers.

Fast den ganzen langen Weg nach Hause redete Jake vom Basketball. Er erzählte so begeistert, dass Jana, die sich normalerweise nicht besonders für Sport interessierte, ihm richtig gerne zuhörte. Jana sah ihn von der Seite an, während sie so neben ihm die Straßen entlanglief. ‹Er ist wirklich süß›, dachte sie bei sich. Und als sie eben gesagt hatte, dass sie gerne bei seinem großen Spiel dabei sein wollte, hatte er sich richtig gefreut. Ob sie ihn einfach fragen sollte, ob sie etwas zusammen unternehmen sollten? Ins Kino gehen oder so? Bei dem Gedanken fing Janas Herz an zu klopfen. So was hatte sie einen Jungen noch nie gefragt. Aber vielleicht könnte sie es einfach probieren?

Vor ihrem Haus angekommen, blieb Jana stehen. «Ähmm», begann sie etwas schüchtern. Jake sah sie fragend an. «I was wondering if …», versuchte Jana es weiter und spielte dabei nervös an ihrer Halskette herum. «I was wondering if … you would like to … do something with me after school some day. Or on the weekend. Maybe go to the movie theater?»

Jetzt war es raus. Was Jake wohl antworten würde?

Jake sagte erst mal gar nichts. Jana schien es, als ob er auf den glitzernden Anhänger an ihrer Kette starrte.

«Do you mean … just you and me? As a … date?», fragte er dann leise.

Jana merkte, wie sie ein bisschen rot wurde. Dann nickte sie.

«Yes – No! I mean – I don't know!», verhaspelte sich Jake. «Do you really think that's a good idea?»

Warum sollte das denn keine gute Idee sein? Plötzlich war Jana ihre Frage furchtbar peinlich. Sie wünschte, sie hätte nie mit dem Thema angefangen.

Jake was very confused. Jana had really asked him out on a date! Just like that! That had never happened to him before. He knew that he would love to go on a date with her. But then … he had to look at Jana's necklace again. She had even told him she had a boyfriend in Germany! Hadn't she?

«I don't know …» he said slowly and tried not to look at Jana.

Jana took a step back.

«I thought …» Jana tried to talk again. «I thought maybe …» She sounded like she didn't know what to say.

Jake tried to think. Maybe he should just say yes! He was sure it would be fantastic to go out with Jana. To see a movie with her, or maybe go on a hike in the mountains. Then he looked at Jana's necklace again. The turquoise heart was glittering in the sunlight. Jake shook his head.

«I have to go now,» Jana suddenly said. Before Jake could say another word, she had turned around and had disappeared inside her house.

Jana warf die Haustür ins Schloss. Dann ließ sie sich auf die Treppe fallen. Was hatte sie da gerade bloß angerichtet? Sie hatte Jake gefragt, ob er sich mit ihr verabreden wollte, und er hatte Nein gesagt! Oder zumindest etwas, das einem Nein ziemlich nahe kam. Die Peinlichkeiten schienen nicht enden zu wollen. Jana seufzte. In diesem Augenblick steckte ihre Mutter ihren Kopf aus der Küche.

«Hallo, Schatz», sagte sie. «ich habe dich und diesen netten Jake zufällig kommen sehen. Ich bin schon zu Hause! Schön, oder?»

Jana nickte und gab sich Mühe, fröhlich auszusehen. Auf gar keinen Fall wollte sie, dass ihre Mutter ihre Stimmung erriet und irgendwelche Fragen über Jake stellte.

Zu Janas Erleichterung fragte ihre Mutter etwas ganz anderes.

«Wie war das erste Treffen der Theater AG?»

«Mama, das heißt hier Drama Club», berichtigte Jana ihre Mutter streng.

«Jaja», sagte Frau Fischer, «aber wie war es denn nun?»

«Gut!», sagte Jana ehrlich. «Ich habe eine richtig coole Rolle.»

Frau Fischer nickte begeistert und wollte gleich mehr erfahren.

«Das Stück spielt in vielen verschiedenen Ländern. Und ich bin so eine Art Reiseleiterin oder so was», erklärte Jana. «Ich habe noch nicht das ganze Skript gelesen. Aber ich bin in jeder Szene dabei und spreche sogar den allerersten Satz des ganzen Stücks! Und in jedem Land trage ich ein anderes Kostüm, das wird sicher cool.»

«Ich bin so stolz auf dich, Jana-Schatz», sagte Frau Fischer und nahm ihre Tochter in den Arm. «Dass du dich schon so gut an deiner neuen Schule eingefunden hast! Und sogar Theater spielst! Und neue Freunde hast du auch schon!»

«Ist ja gut, Mama», sagte Jana und ließ die Umarmung über sich ergehen. Was sie bloß sagen sollte, wenn sie ihren «neuen Freund» Jake wiedersah?

Kapitel Sechzehn – ***Why not?***

Um die peinliche Situation mit Jake zu vergessen, verbrachte Jana so wenig Zeit wie möglich mit den Zwillingen. Stattdessen saß sie in jeder freien Minute an ihrem Computer, tippte E-Mails an Maike oder traf sich mit ihr zum Chatten. Die Gepräche mit ihrer besten Freundin waren für Jana immer der schönste Teil des Tages. Um Jake aus dem Weg zu gehen, stürzte Jana sich außerdem in die Theaterproben. Jetzt, wo sie einen Text zum Auswendiglernen hatte, machte es ihr kaum etwas aus, dass sie in einer fremden Sprache spielen musste. Und die anderen im Drama Club waren – zum Glück – auch richtig nett und halfen Jana, wenn sie doch mal ein Sprachproblem hatte.

Als die Proben nach ein paar Wochen schon so weit fortgeschritten waren, dass es um die Kostümauswahl ging, wurde es noch einmal interessant. Was Tommy wohl für sie vorgesehen hatte?

«OK, Jana», sagte Tommy, der gerade eine große Truhe in den Raum hievte. Er öffnete den Deckel und zum Vorschein kamen unzählige Theaterkostüme. «Let's look at your outfits!»

Gespannt trat Jana an die Kiste heran.

«Let's see», sagte Tommy. Er nahm etwas aus der Kiste, das Jana gleich als eine zu einem T-Shirt gearbeitete amerikanische Flagge erkannte. Dazu gab es auch noch eine passende Hose.

«The play begins in America, so this is your first outfit.» Jana nickte.

Dann wühlte er ein buntes Kleid und einen großen Strohhut hervor. «This is your costume for the scene in Mexico», erklärte Tommy gewichtig.

Auf die gleiche Art brachte Tommy noch einen japanischen Kimono und eine russische Fellmütze ans Tageslicht.

«Those are all the costumes we have», erklärte er. «I thought that for the scene in Europe, you can bring your own dirndl or lederhosen.»

‹Meine bitte was?›, dachte Jana. «I don't have a dirndl or lederhosen», erklärte sie und konnte ein Lachen nicht unterdrücken.

«You don't? Why not?», fragte Tommy sichtlich verwirrt. «Did you leave them in Germany?»

Jetzt konnte Jana sich gar nicht mehr beherrschen.»I never had a dirndl or lederhosen!», prustete sie.

«Really?», Tommy konnte es fast nicht glauben. «I thought everyone in Germany ...»

«Noooooo!», Jana schüttelte bestimmt mit dem Kopf. Ihr liefen mittlerweile Lachtränen über das Gesicht. Dann fiel ihr eine lustige Gegenfrage ein. «Do you own a cowboy outfit because you're American?»

«No ... of course not ...», erklärte Tommy hastig. «I'll see if I can find a European outfit ... in the other room ...» Er verließ schnell den Probenraum.

Jana nahm das Kostüm, das aus einer amerikanischen Fahne bestand, und stellte sich damit vor den Spiegel. Sie musste immer noch kichern. Manchmal waren diese Amis wirklich unglaublich.

While Jana was trying on her theater costumes, Jake was still in the gym. The basketball coach sometimes kept players late after practice if he thought they needed more training. Today it was Jake's turn. He was running, throwing the ball, dribbling, and jumping. As always, the coach was shouting.

«Higher, Ramirez!»

«Faster, come on!»

«Jump!»

And so on. Jake was concentrating very hard. He was very thirsty. But he wanted to be the best basketball player he could be – so he had to keep going.

«Good job, Ramirez,» the coach said after another hour and threw him a bottle of water. Jake caught it. «Thanks, Coach!» he said and took a big drink.

«You're really getting better,» the coach said. «I can see you're working hard.»

«I am, Coach,» Jake nodded.

«You really have some talent, boy,» the coach added. For a second, Jake thought the strict man had actually given him a smile.

Jake beamed. «Thank you!» he wanted to say, but the coach was already leaving.

«Make fifty more shots from outside the lane, Ramirez,» he said over his shoulder as he walked away. «Then you can go home.»

«OK, Coach,» Jake yelled after him happily. «Thanks, Coach!» But the coach had already thrown the gym door shut behind him.

Jake finished the bottle of water, picked up his ball and started throwing baskets the way they had practiced. Although he was alone, he concentrated hard again.

After a couple of minutes, Jake heard the gym door open. He turned around. It was Katie.

«Hey, how did you know I was here?» Jake asked his sister.

«I'm your twin, remember?» she said, «I know these things.»

Jake looked at her like he didn't believe her.

«Well, actually, I ran into the coach,» Katie admitted. «He said you were still practicing.»

«Yep,» Jake said and threw his ball into the basket again. «Fifty shots, the coach said. So I'm doing one hundred.»

«Wow!» Katie said, impressed. «Can I watch?»

«OK,» Jake said.

Katie sat down and watched her brother throw the ball into the basket again and again. After he had scored exactly one hundred times, Jake finally agreed to go home.

As they walked out of the gym, Katie had a question for her brother.

«So, how is Jana?» she asked. «I've seen really little of her lately.»

«Yeah …»Jake said vaguely. «I don't know …»

«I thought you liked her!» Katie said and nudged Jake in the side. «Do you not like her anymore?»

«Oh, I don't know …» Jake tried to sound like he wasn't interested.

«What happened?» Katie asked curiously.

«She … she asked me out on a date some weeks ago …» Jake slowly admitted.

«Really? That's fantastic!» Katie was really excited. «But … what did you say?»

«I didn't say anything,» Jake said and looked away.

«What? Why not?» Katie was confused now.

«Because of her German boyfriend, of course,» Jake explained to his sister.

«But maybe she doesn't *like* him anymore!» Katie was almost shouting now. «Why would she ask you if she didn't like you better than him? Seriously, Jake, you're so dumb sometimes! You should have said yes!»

«Really?» Jake asked, surprised. He had never looked at it that way.

«Yes! Really!» Katie said. «You should really talk to her!»

«OK, OK,» Jake answered and grinned at his sister. «I guess I will.»

Chapter Seventeen – **Wetterwechsel**

Als Jana ein paar Tage später an einem Samstagmorgen aufwachte und sich gerade noch einmal auf die andere Seite drehen wollte, merkte sie mit halb geschlossenen Augen, dass irgendetwas anders war. Sie setzte sich auf und guckte sich in ihrem Zimmer um. Alles schien an seinem Platz. Jana wandte den Blick zum Fenster – und sprang vor Überraschung aus dem Bett. Das Fenster, durch das bisher jeden Morgen die Sonne gestrahlt hatte, war von oben bis unten zugefroren! Verdutzt blickte Jana auf die Straße: draußen tobte ein regelrechter Scheesturm! Wie konnte das denn sein? Gestern waren es doch noch hochsommerliche 30 Grad!

Jana zog sich schnell an und ging in die Küche, wo ihre Eltern, wie jeden Morgen, schon früh beim Frühstück saßen.

«Guten Morgen, Jana, du bist auch schon wach?», begrüßte ihr Vater sie, der sich und seiner Frau gerade eine Tasse Kaffee nachschenkte. «Sonst kriegt man dich am Wochenende doch gar nicht aus dem Bett!»

«Das passt aber gut», warf ihre Mutter ein, «dass du schon auf bist! Dann kannst du gleich mit mir in den Supermarkt fahren.»

«Was ist denn mit dem Wetter los?», fragte Jana statt einer Antwort.

«Ist das nicht verrückt mit den Temperaturen hier?», fragte ihre Mutter zurück. «In Colorado wechselt das Wetter oft von tollstem Sommerwetter zu starken Schneefällen. Aber guck mal», sie deutete aus dem Küchenfenster. «Die Sonne scheint schon wieder.»

Tatsächlich. Die Sonnenstrahlen funkelten auf dem Schnee, richtig schön sah es jetzt draußen aus.

«Das Klima ist hier wirklich ganz anders als in Deutschland», schaltete sich Janas Vater ein. «Das liegt hautpsächlich …»

«… an der Höhenlage, ich weiß», führte Jana grinsend seinen Satz zu Ende.

Having lived in Colorado all his life, Jake was not easily surprised by weather changes. Besides, nothing could stop him from practicing basketball. When he saw all the snow, he simply put on a warmer sweater before he went outside.

‹The coach said I have talent,› Jake thought to himself as he knocked the snow off the hoop with his shots. ‹I can't disappoint him now. I have to work even harder. I have to get even better.›

While he was playing, he heard voices from across the street. He turned around. There were Jana and her mother, Frau Fischer. They were leaving the house and walking over to their car. Jake thought about his conversation with Katie. He knew he had to talk to Jana. Why not now? He took his ball and ran over to the Fischer's car. Jana's mother was already in the driver's seat, but Jana was still outside.

«Hey Jana!» he yelled.

Jana turned around. She looked surprised.

«Hi Jake,» Jana said.

«I …» Jake began. As so often with Jana, he didn't find the right words. «I … thought about the question you asked me a few weeks ago,» he finally said.

Jake saw that Jana's face turned pink. Then she looked down like she had suddenly discovered something very interesting in the snow on the ground.

«And I … I wanted to ask … I mean, I was wondering …» Jake took a deep breath. «I was wondering if you still wanted to go on a date with me.»

Jana looked up again. Her cheeks were still pink, but now she was smiling. «Really?» she said. «I mean, yes!»

Jake felt relieved. She had said yes!

«How about tomorrow?» He asked right away. «We can go on a hike in the mountains. Maybe we could have a picnic.»

«Great!» Jana said. «But don't you think it's too cold for a picnic?»

«Today it is, but I bet tomorrow it'll be hot again,» Jake smiled.

«That sounds fantastic,» Jana said. Then she pointed to the car behind her. «I have to go now,» she said, «my mom is waiting.»

«Alright,» Jake said. «I'll pick you up tomorrow morning at ten. OK?»

«OK,» Jana said and opened the car door. «See you tomorrow!»

«See you tomorrow, Jana,» he said, waved goodbye to Frau Fischer and happily ran back to his house.

Obwohl Jana eigentlich richtig gern durch den großen amerikanischen Supermarkt schlenderte und immer wieder Lebensmittel entdeckte, die sie unbedingt probieren wollte, war sie heute nicht ganz bei der Sache. Während Frau Fischer Obst, Gemüse und viele andere Dinge in den Einkaufswagen lud, hatte Jana für das alles keinen Blick übrig.

‹Ich habe tatsächlich eine richtige Verabredung mit Jake!›, jubelte sie innerlich. Warum er sich jetzt plötzlich doch mit ihr treffen wollte, war Jana allerdings ein Rätsel. Weshalb hatte er zuerst nur so komisch reagiert? ‹Egal›, beschloss Jana. Die Hauptsache war schließlich, dass sie morgen zusammen in die Berge fuhren!

«Jana-Schatz», sagte ihre Mutter in diesem Augenblick, «läufst du bitte noch einmal zurück und holst eine Packung Eiscreme? Die habe ich vergessen. Ich gehe schon mal zur Kasse.»

«Ist gut, Mama», sagte Jana und sauste los.

Der Blick in die lange Kühltruhe lenkte Jana für einen Moment von ihren Gedanken über Jake ab. Es gab so viele Sorten, dass sie sich gar nicht entscheiden konnte. Neben dem ganzen Eis gab es auch noch etwas, das Frozen Yogurt hieß und angeblich viel gesünder war als normale Eiscreme. Jana beschloss, dass es ummöglich war, sich für nur eine Geschmacksrichtung zu entscheiden. Sie griff ein Schokoladen-Karamelleis mit Nüssen und vielen kleinen Keksstückchen – eine Sorte, die sie in Deutschland noch nie gesehen hatte – und eine Packung, auf der «Vanilla Frozen Yogurt with Strawberries» stand, und lief zurück zu ihrer Mutter, die schon dabei war, die Einkäufe auf das Laufband an der Kasse zu legen.

«Eine Sorte Eis hatte ich doch gesagt, Jana», wollte ihre Mutter gerade protestieren. Dann zögerte sie. «Mmmh, das klingt aber wirklich beides sehr lecker!» Sie lächelte ihre Tochter an.

Jana grinste zurück und legte entschlossen beide Packungen zu den anderen Einkäufen.

Kapitel Achtzehn –
The date

The next morning, it turned out that Jake had been right. All the snow was gone, and it was very hot again. When Jake walked over to the Fischer's house, Jana was already outside.

«I can't believe it's so warm again!» she said after they had said hello. Jake looked at her. She was wearing a blue T-shirt and turquoise shorts. ‹She looks really nice,› Jake noticed again. On her feet, Jana didn't have her usual flipflops but sturdy running shoes. A good idea for their hike in the mountains!

«Are you ready to go?» Jake asked.

«Yes,» Jana said and picked up her backpack. «But – how do we get to the mountains?»

«It's easy,» Jake explained. «We take the bus number 8, and that'll take us up to Chautauqua Park. From there, we can start hiking.»

«OK,» Jana nodded.

The ride was very short. When they got off the bus, Jana was amazed.

«Wow!» she said. «This is so cool!» She looked at the high mountains, the clear blue sky, the deep, dark forest, and all the beautiful wild flowers that seemed to be growing everywhere. «What's this place called again? Tschi-ta-kwe Park?» Jana tried to say the name Jake had said before.

«Yes,» Jake answered. «It's a Native American name. Do you want to start hiking?»

Jana nodded, and the two started walking up one of the steep, narrow trails.

Nachdem Jake und Jana über eine Stunde dem steilen Pfad gefolgt waren, entdeckte Jana nach einer Kurve einen kleinen Rastplatz mit Holztischen, Bänken und einer alten Feuerstelle.

«Let's take a break», schlug sie vor, denn sie war schon ziemlich aus der Puste.

Jake war einverstanden und die beiden machten es sich auf einer Bank bequem. Jana war froh, dass sie eine Flasche Wasser eingepackt hatte und trank einen großen Schluck.

Sie bemerkte, dass Jake unauffällig auf ihr Getränk schielte.

«Do you want some water?», fragte sie deshalb.

«I'd love some, thanks», antwortete Jake und nahm ihre Flasche.

Jana wunderte sich. Eigentlich müsste Jake doch auch etwas zu trinken dabei haben – schließlich war er es doch, der ein Picknick vorgeschlagen hatte!

«I think we could have our picnic here», schlug Jana vor, um der Sache auf den Grund zu gehen.

Jake schlug sich vor die Stirn. «Oh no!», sagte er. «I forgot the picnic! I didn't pack anything! I'm so sorry!»

Jana lachte. Zum Glück hatte sie ohnehin keinen großen Hunger.

«It's OK», beruhigte sie Jake. «It's still nice here.»

Jake nickte erleichtert. Dann saßen die beiden eine Weile

schweigend da und ließen sich die Sonne ins Gesicht scheinen.

Als es im Gebüsch hinter ihnen raschelte, drehte Jana sich um.

«Oh, look!», flüsterte sie aufgeregt und tippte Jake auf die Schulter.

Ein Tierchen, etwas kleiner als ein Eichhörnchen und mit hellen Streifen auf dunklem Fell, sprang direkt hinter ihrer Bank im Laub herum.

«That's a chipmunk», erklärte Jake mit leiser Stimme.

«It's so cute!», sagte Jana. «I've never seen a chipmunk in my life! Do you think we'll see any other animals here?»

«Well», fing Jake an, «there are bears, of course.»

«Bears?», rief Jana so laut, dass das Streifenhörnchen vor Schreck im Unterholz verschwand. «Real bears? Aren't they dangerous?»

Jake lachte. «They are. But don't worry about it. We probably won't see any. They're afraid of us, too.»

Jana fand das alles andere als beruhigend. Sie sprang auf, griff Jakes Hand und zog ihn von der Bank.

«I think we should go back home!», sagte sie entschieden.

Lachend ließ Jake sich von der Bank ziehen. Als sie dann jedoch voreinander standen, wurde sein Blick plötzlich ganz ernst. Noch immer hielten sie sich an den Händen. Es war, als ob keiner von ihnen als erster loslassen wollte.

«Jana, I ...» Jake started talking first. «I have something to say to you.» He looked Jana straight in the eyes. «I really like you.»

Jana moved a little bit closer to Jake. «I like you, too,» she whispered.

Jake could feel his heart beat in his chest. He moved closer to Jana, too. Jana pressed his hand. Jake leaned forward a little and gave Jana a kiss. Then he slowly pulled her back down on the bench, and they kissed again.

Sitting with their arms around each other, they were very comfortable on their bench in the forest. They kissed some more, and laughed, and simply enjoyed the beautiful day. It seemed that Jana had completely forgotten about the dangerous bears in Chautauqua Park.

After a while, they heard another soft sound in the forest behind them. They both turned around. The little chipmunk was back! This time, however, it had brought a friend.

«Oooooh, look!» Jana whispered. «Two chipmunks! They're playing together! They are so cute!»

Jake had to admit that they were. They watched the little animals for a while. Then Jana pulled her cell phone out of her pocket.

«I have to take a photo! I want to send it to Germany. Maike is going to love these chipmunks!»

Jake felt like he had been hit over the head. He took his arm away from Jana's shoulders.

«Mikey?» he asked with a horse voice. «The same Mikey who gave you the necklace with the heart on it?»

«Yes!» Jana said happily and snapped a picture of the animals. «The same Maike.»

Abruptly, Jake got up, and without saying another word, started marching down the hill.

Jana verstand die Welt nicht mehr. Sie griff ihren Rucksack vom Boden und lief so schnell sie konnte hinter Jake den Pfad herunter.

«Jake, wait!», rief sie ihm nach, doch er verlangsamte seinen Schritt nicht. Was hatte sie bloß Falsches gesagt? Eben gerade noch war sie überglücklich gewesen – und jetzt? Warum war Jake so wütend? Jana konnte es nicht begreifen.

«Jake, wait! I can't walk so fast!», rief sie ihm noch einmal hinterher. Tatsächlich blieb er stehen. Jana rannte die letzten Schritte auf ihn zu.

«What do you want?», fragte er. Er klang wirklich sauer. Oder traurig.

«What is wrong?», fragte Jana verzweifelt. «I don't understand. I thought we …»

«I thought so, too», sagte Jake bitter.

«But what happened? Why did you run away?», wollte Jana wissen.

Jake starrte an Jana vorbei in den Wald und sagte nichts.

«I don't understand this!», sagte Jana leise.

«*You* don't understand this?», rief Jake wütend. «*I* don't understand this!»

Jana guckte verständnislos, doch Jake zuckte nur mit den Achseln.

«Let's just go home», sagte er, drehte sich um und ging, ohne einen weiteren Kommentar, den Berg hinunter. Auch im Bus sprach er kein Wort und Jana, verwirrt wie sie war, traute sich nicht, noch einmal ein Gespräch anzufangen. Wieder in ihrer Straße angekommen, rang Jake sich zu einem knappen «See you later!» durch, bevor er Jana vor ihrer Haustür stehen ließ.

Schlecht gelaunt und traurig ließ Jana sich in ihrem Zimmer aufs Sofa fallen. So hatte sie sich ihr Date mit Jake wirklich nicht vorgestellt! Was war nur passiert? Sosehr sie auch nachgrübelte, Jana konnte es nicht verstehen. Und was sollte sie jetzt mit dem Rest des Tages anfangen? Sie hatte zu nichts mehr Lust. Missmutig streifte sie ihre Turnschuhe ab, tauschte ihre Ausflugsklamotten gegen ihren Lieblingsschlafanzug und schnappte sich ihre Bettdecke. Nach so einem Erlebnis half nur noch eins: ein Nachmittag vorm Fernseher, schön gemütlich eingekuschelt, und mit einer extragroßen Portion Eiscreme. Denn davon war ja schließlich genug im Haus.

Chapter Nineteen – ***Auf dem Dachboden***

After that Sunday in Chautauqua Park, Jake and Jana did not talk very much at all. Of course they said «hello» and «see you later» when they saw each other in the street or at the school, but that was it.

Days passed, and more and more often, the days were cold and snowy. People put away their flipflops and got out their winter boots. Everyone wore thick sweaters, hats, and scarves. Of course, the sun still shone every day. But it was definitely winter now in Colorado.

Jake still felt angry and sad, but he didn't know what to say to Jana to make things better. He was glad that he was so busy: school, homework, and basket practice left almost no time to think.

One Friday morning, on the bus ride to school, Jake sat in the back and tried to sleep a little more, but Katie sat next to him and nudged him with her elbow.

«Hey, little brother!!» she said.

«What do you want?» replied Jake in a tired voice, «I'm trying to sleep here.»

«Why aren't you sitting next to Jana?» Katie asked, and nodded her head towards the front of the bus where Jana was sitting all on her own.

«Let me sleep,» Jake said as he looked forward towards the back of Jana's head, and then shut his eyes and pulled his baseball cap further down over his eyes.

«*Come on* Jake!» Katie persisted. «I know that you're not talking to her. It's been *days* since I've seen you talk. There's something wrong and I want to know what it is, and I'm going to find out from you before the end of this bus ride, awake or not!»

Jake knew he had no chance of getting any sleep with Katie there bothering him. He opened his eyes and looked towards

Jana again, this time to make sure that she was far enough away that she wouldn't hear them talking about her. He then told Katie, «There's nothing to find out. Jana still has this boyfriend … Mikey, or something … back in Germany. It's stupid.»

«Yeah, that does sound pretty stupid.» Katie commented.

«I know,» said Jake.

«No, I mean it sounds like you're being stupid!» said Katie.

«I'm not being stupid. She's the one with the boyfriend 1000 miles away!» protested Jake.

«So, that doesn't mean that you can't talk to her, does it?» his sister asked.

«I don't know. I was just mad. Why should I talk to her?» Jake replied grumpily.

«Don't you still like her? I mean, I still think she's very cool, and pretty!» Katie continued with a big smile.

«Well, yeah, you're right.» Jake smiled, too. «But what do I say to her now?» He was much more awake now.

«Just because she has a boyfriend in Germany doesn't mean you can't be friends. You two got along sooooo well! So just tell her that you still want to be friends with her! It's *easy*!»

«That sounds a little silly, doesn't it?» Jake protested.

«Not as silly as never talking to her again!» Katie fired back.

«I guess you're right,» Jake replied as he thought about it.

«*Of course* I am, little bro,» Katie grinned.

«OK. I'll talk to Jana tonight. But now, please, please, let me go back to sleep.»

Jake pulled his cap back down over his eyes and leaned against the window. He was only pretending to sleep. He was wide awake now, and trying to think of what he could say to Jana.

Obwohl es Freitagabend und damit eigentlich schon Wochenende war, saß Jana wieder einmal an ihrem Schreibtisch. Allerdings machte sie ausnahmsweise keine Schularbeiten. Stattdessen hatte sie das Laptop vor sich stehen und tippte eine E-Mail an Maike. Sie hatte sich schon wochenlang nicht bei ihrer Freundin gemeldet und musste unbedingt von den vielen aufregenden Geschehnissen in der letzten Zeit berichten. Ab und zu trank sie einen Schluck aus dem Becher mit heißem Kakao, den sie neben sich gestellt hatte, und manchmal schaute sie in das Schneetreiben vor ihrem Fenster und überlegte, ob sie nicht doch noch etwas Wichtiges vergessen hatte.

```
An: Maike
Von: Jana
Betreff: Endlich wieder Post von mir!
Hallo, Maike!
Hier kommt endlich mal wieder eine Mail aus
Boulder.
Jake benimmt sich immer noch total seltsam. Er
spricht kaum noch mit mir!! Ich weiß wirklich
nicht, was ich ihm getan habe.
Aber es gibt auch aufregende Neuigkeiten: die
Theateraufführung ist schon in einer Woche!
```

```
Ich bin jetzt schon total aufgeregt, aber ich
freue mich auch total. Du musst mir auf jeden
Fall aus der Ferne die Daumen drücken!
Ich bin soooooo traurig, dass deine Eltern
immer noch nicht wollen, dass du zu Besuch
kommst. Ich verstehe das nicht - wir sind doch
15 und nicht 5 Jahre alt! Und ich wohne in den
USA und nicht auf einem anderen Planeten!
Was wünscht du dir eigentlich zu Weihnachten?
Es sind jetzt ja nur noch zwei Wochen bis
Heiligabend, und ich muss dein Geschenk bald
zur Post bringen.
Also, schreib mir schnell zurück - am besten
mit einem richtig guten Plan, wie wir deine
Eltern überzeugen!! DU MUSST KOMMEN!
Deine Jana
```

Zufrieden mit ihrer Mail klickte Jana auf «versenden.» Genau in diesem Augenblick klingelte es an der Haustür.

When Jake went to Jana's house, it was snowing so hard that he almost couldn't see where he was going. He walked as fast as he could on the slippery ground, jumped up the steps to the Fischer's house and rang the doorbell. He heard footsteps, and then Jana opened the door. She looked very surprised.

«Hello,» she said, but she did not smile.

«Hey,» Jake said. «Can I come in?»

«Yes, OK,» Jana said quickly. She still didn't look very happy to see him, Jake thought.

Jake stomped the snow off of his feet and walked into the house as Jana held the door. Suddenly, he felt a lot more nervous than he had felt when he was picturing this visit in his mind. These things were never as easy as they sounded.

«Hey,» he said again as he pulled his winter cap off of his head.

«Hello, again,» Jana answered. For a short moment, Jake thought that he saw a little smile on her face.

«So, what's up?» Jake asked, and he knew he sounded stupid as the words left his mouth.

«Nothing, really,» Jana answered. Then she asked, «Why did you come here?»

«Well, I was in the neighborhood ...» Jake felt stupid again.

«That's not a surprise. We are neighbors, remember?» Jana replied.

Jake paused and looked at her. She looked a little amused by his silly small-talk. He knew he was just going to have to say it.

«Jana, I'm sorry. I know you're mad.»

«I'm not mad,» Jana replied. «You're the one who was mad at me. I'm just confused.»

«OK, you're right. I'm sorry I was mad, or sorry I seemed mad. I was just ...»

Jana cut in, «You didn't just seem mad. You were mad at me.»

«OK, yeah, you're right about that, too,» he added.

«But … why were you so mad at me?» Jana wanted to know.

Jake didn't want to talk about Jana's German boyfriend. He didn't want to sound stupid again. «I don't know,» he said quickly. «It's just … school has been really stressful …» He thought for a moment. «And … I thought you didn't like me.»

«Why would you think that?» Jana asked. She didn't sound angry at all now.

«I don't know,» Jake was trying to think of a way of saying it without mentioning ‹Mikey›, the German boy. «Maybe I was just being stupid.» He looked at the floor, and then looked up at Jana again. «I can't really say, but I want to try being friends with you again.»

Jana looked back at Jake. She seemed to be thinking about what he had said. Then, after what seemed like a long time to Jake, she finally gave him a big smile.

«Do you want some hot chocolate?» she asked. «I just wanted to make myself another cup anyway.»

Hot chocolate sounded like a great idea to warm up. So Jake smiled back, nodded, and followed Jana into the kitchen. He was very happy now.

As Jake looked around the German family's house, he noticed something.

«You don't have any Christmas decoration up at all,» he said to Jana. «How come?»

«I don't know,» Jana shrugged her shoulders. «My parents are so busy. They probably forgot that it's almost Christmas!»

«My mom loves decorating the house,» Jake went on. «She started putting up Christmas stuff in October! We have lots of colorful lights everywhere, and pictures of Santa Claus, and a really big Christmas tree!»

Jake could see in Jana's face that she had an idea.

«Maybe I should decorate our house!» she said. «That would be a nice surprise for my parents. Do you want to help me?»

«Sure,» Jake grinned. «That's what friends are for!»

Nachdem Jana und Jake ihren heißen Kakao ausgetrunken hatten, wollte Jana gleich mit den festlichen Dekorationen beginnen. Es gab jedoch ein Problem: egal welche Schränke und Schubladen sie durchwühlte, sie fand nichts, das auch nur annähernd nach weihnachtlichem Schmuck aussah.

«I know we have some Christmas decoration», murmelte Jana und reckte sich, um auf die Garderobe im Flur sehen zu können. «Where could it be?»

Jana war sich vollkommen sicher, dass beim Umzug auch eine Kiste mit besonders schönen Weihnachtsbaumkugeln, selbstgebastelten Strohsternen und winterlichen Fensterbildern dabei gewesen war. Sie guckte noch einmal in die kleine Abstellkammer und in den Küchenschrank. Nichts.

«Where could all our Christmas decoration be?», sagte sie noch einmal mehr zu sich selbst als zu Jake. Der hatte jedoch eine Idee.

«Maybe it's in the attic?», fragte er. «My mom always keeps everything in the attic.»

Der Dachboden! Das war tatsächlich eine gute Idee. Jana war noch nie dort oben gewesen, aber ihre Eltern hatten beim Einzug tatsächlich ein paar Kisten über die enge Leiter auf den Speicher bugsiert.

«Let's check the attic», sagte Jana und lief die Treppe hinauf. Dann öffnete sie geschickt die Luke und ließ mit Jakes Hilfe die Leiter herunter. Beide stiegen vorsichtig hinauf auf den Dachboden. Es war schrecklich kalt und es dauerte einen Moment, bis sich ihre Augen an die Dunkelheit gewöhnt hatten, die hier oben herrschte. Dann entdeckte Jana aber sofort die Umzugskisten, die ihre Eltern hier gelagert hatten. Sie ging einige Schritte und öffnete den erstbesten Karton. Leider war er vollkommen leer. Sie hob den Deckel von einer anderen Kiste. Wieder kein Erfolg. Jetzt gab es nur noch eine Pappschachtel. Sie war etwas kleiner und sorgfältig verklebt. Jana riss den Klebestreifen auf – und tatsächlich! Da lag der Weihnachtsschmuck der Fischers.

«I found it!», rief Jana gut gelaunt über ihre Schulter. «I found our Christmas decoration!»

Jake stand allerdings nicht mehr da, wo Jana ihn vermutet hatte. Er hatte sich in der Zwischenzeit auf die andere Seite des Dachbodens vorgetastet.

«I found something, too!», hörte sie seine aufgeregte Stimme von dort.

«Really? What?», fragte Jana und ging vorsichtig durch die Dunkelheit auf Jake zu. Er stand unter einem kleinen Giebelfenster, durch das ein wenig Licht auf sein Gesicht fiel. Vor ihm stand eine große dunkelbraune Holztruhe.

«That's not our box!» Jana said, surprised.

«I know,» Jake said and smiled.

Jana looked at Jake interestedly. «What do you mean?»

«I know this box,» Jake answered. «It used to be in the grandmas' living room! Back when this was the grandmas' house!»

«Oh, wow!» Jana said.

«They must have left it here when they moved out,» Jake explained.

Jana nodded. «Let's see what's in it!»

Jake opened the wooden box. But they saw right away that there was nothing interesting in it.

«It's full of old newspapers,» he said, disappointed. «That's all! Nothing but newspapers!»

Jake got up and wanted to close the box again.

«Wait!» Jana answered. Between all the black and white paper, she had spotted something. She lifted some newspapers and pulled out a picture frame.

In the frame, there was a drawing. It looked like it had been made by a child. The picture showed a blue house, a green yard full of red, purple, and pink flowers, and a yellow sun in the sky. On the sun, the child had drawn a very happy, smily face. And above it all, it said in big, clunky letters: THE GRANDMAS' HOUSE

Jake couldn't believe it. «Jana!» he shouted, «Do you know what this is?»

Jana looked at him.

«I made this picture! I made this picture for the grandmas! It used to hang in their kitchen! This is totally crazy!»

«You made this? Wow! That is crazy!» Jana was really excited now.

«I'm so glad you found it!» Jake said. «I really can't believe that it's still here! After all those years!»

Jana nodded and looked at the drawing again. «And it's such a cute picture!»

Jake laughed. «I was really little when I made it. I was maybe five or six years old.»

Jana had an idea. «I know what we'll do! We'll put it in our kitchen again! That's the perfect place for it, and I'm sure my parents will like it!»

«OK,» Jake nodded happily. It would be great to see the old picture frame on the kitchen wall again. And he was sure that the three old grandmas would have liked the idea, too.

So, before Jake and Jana even got started on decorating the Germans' house for Christmas, they hung up the picture that reminded everybody that this had once been the grandmas' house.

Kapitel Zwanzig –
Everything is strange

Tatsächlich freuten sich Janas Eltern, als sie am Abend das weihnachtlich dekorierte Haus und Jakes Bild in ihrer Küche vorfanden.

«Das war wirklich eine schöne Idee, Jana», sagte Frau Fischer und bewunderte das Bild vom Grandmas' House.

«Es sieht hier richtig festlich aus», stimmte Herr Fischer zu, nachdem er sich im Haus umgesehen hatte. «Jetzt kann es Weihnachten werden!»

«Unser erstes Weihnachtsfest in den USA», sagte Jana nachdenklich.

«Wir machen einfach alles genauso wie in Deutschland», sagte Janas Mutter. «Es wird bestimmt genauso schön wie in jedem anderen Jahr.»

«Ach, ich weiß nicht», Jana dachte nach. «Es ist schon seltsam, dass wir Weihnachten nicht zu Hause in Klein-Niederfelden sind. Wir können gar nicht auf den Weihnachtsmarkt in der Stadt gehen oder bei Oma und Opa Gänsebraten essen. Das wird mir alles ganz schön fehlen.»

Herr Fischer nahm seine Tochter in den Arm. «Du hast recht, es ist alles anders in diesem Jahr. Aber wir machen es uns richtig schön, nur wir drei!» Jana sah, wie ihr Vater ihrer Mutter einen verschwörerischen Blick zuwarf.

«O.k., Papa», seufzte Jana. «Aber … ein bisschen traurig ist es trotzdem. Und Maike wird mir auch fehlen. Ich habe doch sonst immer mit ihr zusammen Plätzchen gebacken … Und Silvester haben wir auch immer zusammen gefeiert! Es ist wirklich zu blöd, dass ihre Eltern nicht wollen, dass sie zu Besuch kommt!»

«Vielleicht kann Maike ja doch irgendwann mal zu Besuch kommen, wer weiß», sagte Janas Mutter. «Vielleicht im nächsten Jahr?» Jana bemerkte, dass ihre Eltern sich schon wieder so seltsam ansahen. Oder hatte sie sich das bloß eingebildet?

«Ja, hoffentlich!», sagte Jana.

«Etwas ganz anderes», sagte Herr Fischer in einem beiläufigen Tonfall. «Was hast du morgen vor?»

«Na, ich muss in die Schule», sagte Jana. «ist doch klar!»

«Ich meinte nach der Schule», sagte Herr Fischer.

«Am Nachmittag gehe ich zum Basketball», erzählte Jana ihren Eltern. «Unser Team spielt gegen eine Mannschaft aus Denver! Und danach komme ich nach Hause. Wie jeden Tag.»

«Dann ist ja gut», sagte Herr Fischer

«Warum willst du das denn so genau wissen, Papa?», fragte Jana.

«Ach, einfach so, Jana-Schatz», sagte Frau Fischer schnell, bevor ihr Mann weiter sprechen konnte, und lächelte ihre Tochter unschuldig an.

Although it was snowing, Jake was shooting baskets in his driveway. It was only a few more days until the big game. After some time, Katie came outside. As she approached him, Jake took one more shot, looking at Katie instead of the basket. The ball still went through the hoop on the garage – a perfect shot. Jake laughed.

«Wow! Did you see that, Katie?» He was surprised that he had actually made his show-off shot. «I'm really good!»

Katie rolled her eyes a little. «Yes, Jake. You are so cool.»

«But that was actually pretty good, wasn't it?» he said to his sister. He then lowered his voice, «Do you think Jana saw that from her house?»

Katie laughed a little «Oh, come on, Jake. You think she's watching you practice basketball out here?» She pushed him playfully and grabbed the bouncing ball as it bounced back from the basket. «Sometimes you are so silly!»

«I don't know,» Jake replied and turned around to look back at Jana's house. «I know that I would watch if she were practicing!»

«Yeah,» replied Katie. «That's what I wanted to talk to you about.»

«What?»

«Your being friends with Jana. Maybe it wasn't a good idea.»

«What?» Jake repeated.

«Maybe you shouldn't try to be friends with Jana,» Katie passed the ball to Jake.

«But … last time we talked, you said I should ask her to be friends!»

«That's true,» Katie said. «But I changed my mind. I know you, little brother. I don't think you just want to be friends with Jana anyway.»

«You're right,» Jake looked at his sister. «I was thinking about asking her out on a date again. Not now, but later!»

«That's the worst idea in the world, Jake!» Katie told him. «After all, she still has her German boyfriend, Mikey!»

«I know …» Jake answered. «But – isn't it OK to be friends?»

«It's just … not the right moment for you and Jana.» Katie declared importantly. «Believe me. I know these things!»

«When is the right moment, then?» Jake asked.

«Not now,» Katie answered.

«Why not?» Jake asked. He was starting to get angry.

«It's not the right time,» she said.

«This is so frustrating!» Jake said, more annoyed. «Why do you first say I should be friends with her and then you say I shouldn't?»

«You have to be patient,» Katie looked Jake in the eyes to show that she was serious.

«It's like shooting a hoop in basketball. You have to wait for the perfect moment, or you lose.»

«OK …» Jake answered slowly. He didn't like what Katie was saying. But the basketball comparison made perfect sense. Maybe he shouldn't be friends with Jana after all. Maybe he should wait. This was such a strange situation. He was more confused than ever.

Katie turned around to walk away. «Oh, and Mom said that dinner was ready.»

«I'll be there in a second,» Jake said and shot one last basket.

– Chapter Twenty-one –
Ra-mi-rez! Ra-mi-rez!

Es war für alle Schüler der Boulder Central High School einer der wichtigsten Tage des ganzen Jahres, denn heute fand das große Basketballspiel statt. Katie und Jana drängelten sich mit Hunderten anderer Jungen und Mädchen in die Sporthalle, die durch ihre ausladende Tribüne fast wie ein richtiges Stadion aussah. Überall an den Wänden waren goldene und schwarze Wimpel und Fahnen befestigt und neben der Tafel, auf der der Spielstand angezeigt wurde, hing ein riesengroßes Bild von einem gefährlich aussehenden Tiger, der kampfbereit seine Zähne fletschte. Jana hatte schon bemerkt, dass auch die Zuschauer in den Schulfarben gekleidet waren: Fast alle trugen schwarz-goldene T-Shirts, die entweder in goldener Schrift BC TIGERS auf der Brust stehen hatten oder als Emblem den Tigerkopf zeigten. Bevor Jana sich richtig bewusst wurde, dass sie als einzige nicht diese Farben trug, zog Katie sie aus der Zuschauerschlange an einen Stand, der direkt hinter dem Halleneingang aufgebaut war.

«I want to buy a BC Tigers cap, and maybe a new keyring», erklärte Katie, «they look so cool!» Dann schaute sie an Jana rauf und runter. «What about you, do you want anything?»

Staunend betrachtete Jana die vielen Dinge, zwischen denen sie wählen konnte. Es gab nicht nur T-Shirts, Pullover und Jogginghosen von der Boulder Central High School, sondern auch Poster, Aufkleber, Schlüsselanhänger und sogar Basketbälle mit dem goldenen Tiger und dem Schulschriftzug darauf. Das war ja ein richtiger Fanshop!

«I want …», Jana wühlte in ihrem Rucksack nach ihrem Portemonnaie. Sie wusste schon genau, was sie wollte. «I want that black T-Shirt with the golden tiger that says ‹basketball› on the back», erklärte sie Katie.

Katie schaute verwundert, als Jana gleich zwei von diesen T-Shirts kaufte.

«One is for me, and one is a Christmas present for my friend in Germany, Maike», erklärte sie Katie.

«Oh!! The famous Mikey!», sagte Katie mit einem Gesichtsausdruck, den Jana nicht deuten konnte. Darum nickte sie nur und lächelte. Dann zog Jana eines der beiden T-Shirts über, verstaute das andere in ihrem Rucksack, und die beiden Mädchen gingen auf Sitzplatzsuche.

Like the other players on his team, Jake was wearing black shorts and a black and gold basketball jersey. On the back of Jake's jersey, his last name was printed in big gold letters: RAMIREZ. Jake felt very proud.

Right now, the coach was giving them one of his famous motivation speeches. Jake listened carefully. «Alright boys, let's do this!» the coach shouted when he was done. «Fifteen minute warm-up, let's go!»

All the basketball players stayed together as a group when they walked out. The moment they appeared on the court, loud music started playing. All the fans jumped up and started clapping and cheering.

«Go BC!»

«Go Tigers!»

«BC High, BC High!»

Jake felt fantastic already. He searched the audience for Jana and Katie. There they were! They were wearing BC basketball T-Shirts, and they were clapping and shouting along with everyone. When they saw Jake, they waved to him excitedly. Jake quickly ran over to the girls.

«Hey,» he said and gave Jana a big smile, «thanks for coming!»

«Hey! You look … like a professional basketball player!» Jana said and admired his outfit.

Jake beamed. «I have to go and warm up,» he explained. «Just wanted to say hello.»

«OK,» Jana nodded. She gave him a big smile. «Good luck! And – «she seemed to be looking for words. «I'll press my thumbs for you!»

«You'll do what?» Jake laughed.

«Press my thumbs!» she said and held up two fists. «For good luck!»

Katie, who was sitting next to Jana, held up her hands, too. «In America, we don't press our thumbs. We cross our fingers!» she explained, laughing.

Jana looked surprised. «OK,» she said, «I'll press my thumbs, and Katie crosses her fingers!»

Jake smiled at Jana again. «You see, little brother, nothing can go wrong,» Katie said, and Jake ran back to the court to warm up with the other players.

Nachdem beide Mannschaften sich eingespielt hatten, stellten sich alle Spieler in der Mitte der Halle auf. Links standen die gold-schwarzen BC Tigers, rechts stand das gegnerische Team in roten Trikots. Jetzt entdeckte Jana auch eine Gruppe von Fans, die ganz in Rot gekleidet waren. Auch sie schwenkten Wimpel und Fahnen, doch ihre Sprechchöre gingen im Geschrei der schwarz-goldenen Fans fast unter. Plötzlich wurde es still in der Halle. Ein Mädchen, das Jana schon einmal in der Schulcafeteria gesehen hatte, erschien mit einem Mikrophon in der Hand auf dem Spielfeld. Aus den Lautsprechern ertönte die Stimme des Kommentators. «Ladies and Gentlemen, please stand up for the national anthem of the United States of America!»

Mit all den anderen Zuschauern stand Jana von ihrem Sitz auf. Dann sang das Mädchen in der Mitte der Halle die Nationalhymne. Jana guckte verwirrt auf den Namen des anderen Teams. Denver Uptown High School. Denver war eine große Stadt nur eine knappe Stunde von hier. Warum spielten sie die Nationalhymne, wenn gar kein anderes Land dabei war? Außer Jana schien das niemanden zu wundern. Alle lauschten begeistert der schönen Stimme der Sängerin und manche sangen leise mit. Nach ihrem Vortrag brandete lauter Applaus auf.

Jana lehnte sich zu Katie. «Why did they play the national anthem?», brüllte sie ihr ins Ohr.

«What do you mean, why?», brüllte Katie zurück. «They always play the anthem at sports games! Don't they do that in Germany?»

Jana schüttelte entschieden den Kopf. Bevor sie weiter darüber nachdenken konnte, wurde sie vom Geschehen vor sich abgelenkt. Die Cheerleader tanzten und spornten die Zuschauer zu noch lauteren Sprechchören an, während die Mannschaften ihre Positionen auf dem Spielfeld einnahmen. Dann ertönte der Pfiff, der das Spiel eröffnete. Aber wo war Jake?

Jake was sitting on the bench. There were 12 boys on the basketball team, but only 5 players were allowed on the court. Jake almost couldn't sit still. He didn't want to be on the bench – he wanted to be on the court! But he knew he had to wait until the coach decided to bring him in.

Jake followed the match excitedly. The team from Denver was very good, it was going to be a hard game for the BC Tigers. The announcer commented all moves the players made. Right now, the red team had the ball.

«Denver is looking good today, they're inside the lane again … Denver takes a shot and misses, but – a nice rebound for the Tigers!» the voice on the loudspeaker said. The fans in gold and black cheered. Their team had the ball now! Jake looked at the coach. He was pacing up and down the side of the court, shouting commands and making signals with his hands. He wasn't looking at the bench at all.

Some minutes later, the team from Denver scored. The fans in the red T-Shirts jumped up and clapped. Then, the BC Tigers scored. Jake and all the players on the bench cheered with the audience. The cheerleaders danced.

The game went on, and more and more balls flew into the baskets. It was 14:10 for Denver when they called the first time-out. Then, after many back-and-forth shots between BC and Denver, the score was 20:24 with the BC Tigers in the lead. Jake was still on the bench, waiting. The coach was still walking along the side of the court and watching the game very closely. Denver scored again. Then there was a foul: a boy from the BC team knocked over one of the players in the red uniform. The player from Denver got to make two free-throw shots, and he scored both times. It was now 24:24. Finally, the coach turned around and looked at the players on the bench. Jake's heart started beating faster.

«Miller, you're in!» he shouted. Jake sighed. The boy next to him, Chris Miller, jumped up and ran out onto the court. He went right into the game and scored three times! Now Boulder was in the lead again. Just a few minutes later the red team made another basket. At halftime, the score was 28:27 for Denver.

After the halftime break, the BC Tigers had some fantastic chances: they scored three times in a row and brought the score to 28:33 in their favor. Now the fans from Boulder were stomping their feet and clapping their hands, making the whole gym sound like a thunderstorm. There were black and gold flags in the air everywhere.

The Tigers fans suddenly got very quiet when the Denver coach called a time out. He brought in two new players. They looked taller and stronger than anyone else, and they looked hungry to win! They started out with the ball. One passed to the other on his way up to the basket and … he slam dunked it! Now the Denver side of the gym was making all the noise. When Boulder tried to return the ball, one of the new boys blocked a pass. He stole the ball and shot at the basket before anyone else on the court knew what happened. Just when the Tigers thought they were safe, the score went to 33:33! It was a tie now.

Jake looked at the clock. There were only ten more minutes to play! What if the BC Tigers didn't win the game? That moment, Jake heard a loud voice from the court.

«Ramirez, you're in! Let's go! Let's GO!»

Jake stood up quickly, listened to what his coach was telling him, and jogged out onto the court as the audience cheered.

«Look, look!», rief Katie aufgeregt im Zuschauerraum. «The coach is bringing in Jake! Finally!»

Tatsächlich! Jana sah, dass Jake von der Ersatzbank aufgestanden war und konzentriert dem lauschte, was der Trainer ihm sagte. Dann nickte Jake und lief auf das Spielfeld.

«A new player for the Tigers is entering the game, freshman Jake Ramirez», verkündete der Kommentator in diesem Augenblick. Die Fans klatschten und feuerten Jake an.

«Ra – mi – rez! Ra – mi – rez!», ertönte ein Sprechchor. Jana schrie mit, so laut sie konnte.

Das Spiel ging auch in den letzten Minuten mit so hohem Tempo weiter, dass Jana, die die Spielregeln noch nicht so gut kannte, kaum dem Geschehen auf dem Feld folgen konnte. Eins war jedoch auch ihr klar: Wenn die BC Tigers nicht schnell einen Korb warfen, konnten sie das Spiel nicht gewinnen. Sie mussten einfach wieder in Führung kommen! Den Spielern aus Boulder war dieser Druck anzumerken: Noch aggressiver als zuvor versuchten sie, den Ball vor dem gegnerischen Korb zu halten und griffen immer wieder an. Doch die Spieler aus Denver gaben ihnen keine Chance.

«BC Tigers! Go, go, go!», riefen die schwarz-goldenen Fans.

«Denver go home!», schrien ein paar nicht so freundlich Gestimmte dazwischen.

Jana blickte auf die Uhr. Noch fünf Minuten. Mehr als genug Zeit auch für die andere Mannschaft, das Spiel für sich zu entscheiden.

«Are the Tigers going to make it?», fragte der Kommentator. «The team from Denver is still going strong, still very dangerous!»

Jana drückte, wie sie es Jake versprochen hatte, beide Daumen so sehr, dass es wehtat. Weniger als drei Minuten noch. Jake hatte bisher nur ein paarmal den Ball berührt, aber er schien hochkonzentriert. Gerade rief ihm der Trainer etwas zu, Jake nickte und positionierte sich etwas näher am Korb der gegnerischen Mannschaft.

Die BC Tigers brauchten jetzt nur noch einen Punkt! Einen einzigen Punkt! Zwei Minuten hatten sie dafür noch Zeit …

Der gleiche Spieler aus Denver, der schon so oft getroffen hatte, wollte es noch einmal wissen. Aus einer Drehung heraus warf er den Ball in einem geschickten Bogen. Obwohl alles ganz schnell ging, sah Jana ihn wie in Zeitlupe auf den Korb zufliegen. Katie kniff die Augen zusammen. Die Fans in Rot jubelten, während sich der Ball seinem Ziel gefährlich von oben näherte. Doch dann – Jana hielt die Luft an – verfehlte er den Korb um wenige Zentimeter.

«I can't look at this any more!», stöhnte Katie neben Jana. «How much longer now?»

«Only one more minute», sagte Jana und starrte weiter gebannt aufs Spielfeld.

Dann geschah es.

Ein Spieler aus Boulder schnappte sich den Ball und warf ihn in einem langen Pass zu Jake. Der dribbelte mit dem Ball auf den Korb der gegnerischen Mannschaft zu und schaute sich schnell um. Keiner seiner Mitspieler war frei. Die Deckung des Teams aus Denver funktionierte perfekt. Ausgerechnet der größte Spieler in Rot versuchte Jake den Weg zu verstellen. Jake wusste, dass es für ihn jetzt nur eine einzige Möglichkeit gab, wenn er den Ball versenken wollte. Er musste seinen Jump Shot probieren – genau den Wurf, den er bei den Auswahlspielen vermasselt hatte. ‹It's now or never!›, dachte Jake – und sprang.

Auch der Spieler aus Denver machte einen riesigen Satz, doch der Ball sauste über seine Fingerspitzen hinweg auf den

Korb zu. In der Halle war es auf einmal mucksmäuschenstill. Der einzige Ton, der zu hören war, war das Geräusch des Balles, der – *swish!* – perfekt im Korb landete.

«That's it! Ramirez saved the game!», rief der Kommentator, der seine Begeisterung nicht mehr zurückhalten konnte, denn genau in dieser Sekunde ertönte auch das Schlusssignal. «Freshman Ramirez saves the Tigers!»

Jana konnte es nicht fassen, dass es tatsächlich Jake gewesen war, der den entscheidenden Punkt geholt hatte. Sie hatte noch nie einen Menschen so hoch springen sehen! Jubelnd fiel sie Katie um den Hals.

«BC High! BC High! BC High!»

«Tigers rock!»

«Ra-mi-rez! Ra-mir-ez!»

riefen die Fans im Chor.

Kapitel Zweiundzwanzig – **The best Christmas present ever**

Vor lauter Begeisterung über das tolle Basketballspiel hatte Jana das seltsame Verhalten ihrer Eltern fast vergessen. Erst als sie am frühen Abend aus dem Bus stieg und die letzten Schritte nach Hause lief, fielen ihr die verschwörerischen Blicke wieder ein, die ihr Vater und ihre Mutter sich zugeworfen hatten. Warum hatten sie sich nur so geheimnisvoll über ihre Pläne für den heutigen Abend erkundigt?

Jana schloss die Haustür auf. «Bin wieder da!», rief sie in Richtung des Wohnzimmers.

Keine Antwort.

«Hallo, ich bin zu Hause», rief sie noch einmal.

Wieder hörte sie keinen Laut.

Jana ging in die Küche und ins Wohnzimmer, dann lief sie die Treppe hinauf. Niemand.

«Das ist wieder typisch meine Eltern», dachte Jana. «Erst machen sie komische Andeutungen und wollen unbedingt, dass ich zu Hause bin. Und dann sind sie nirgendwo zu entdecken!»

In diesem Moment hörte Jana ein Auto vor dem Haus parken. «Aha», dachte Jana.

Sie lief die Treppe hinunter, öffnete die Haustür – und fiel vor Überraschung fast die kleine Treppe herunter: Aus dem Auto ihrer Eltern stiegen nicht nur Herr und Frau Fischer, sondern – Jana traute ihren Augen nicht – ihre allerbeste Freundin Maike!

«Überraschung!», riefen ihre Mutter und ihr Vater wie aus einem Mund.

Mit einem lauten Jubelschrei fiel Jana Maike um den Hals.

«Aber – ich dachte, deine Eltern wollen auf keinen Fall, dass du kommst!», rief Jana.

«Zuerst wollten sie mich nicht fahren lassen», grinste Maike, «aber dann haben sie ihre Meinung geändert.»

«Wir haben bei Maikes Eltern angerufen», erklärte Frau Fischer lachend, «und fest versprochen, dass wir gut auf ihre Tochter aufpassen.»

«Wie lange bleibst du?», fragte Jana und hüpfte vor Aufregung auf und ab.

«Bis zum neuen Jahr», sagte Maike strahlend. «Ist das nicht toll?»

«Das heißt, du feierst Weihnachten mit uns? Und Silvester?», rief Jana.

«Genau das heißt es», warf Herr Fischer lächelnd ein.

«Mama, Papa, das ist das beste Weihnachtsgeschenk, dass ich mir vorstellen kann!», rief Jana und fiel Maike gleich noch einmal um den Hals.

When Jake came home after the basketball game, he felt fantastic. People he had never met had shook his hand, they had given him high-fives, and everybody had shouted his name. Some students had even asked for his autograph! Even the coach was impressed. «Great job, Ramirez», he had said to Jake. This time, the strict man had actually smiled. Jake really was a basketball star now!

As Jake walked past Jana's house, he heard the door open. He looked and saw Jana running out towards him. She was waving and seemed very excited.

«Hey Jana!» He called.

«Hey Jake!» Jana called back. She really seemed to be in a very good mood. «Congratulations on winning the game!» she said. «You were great!»

«Thank you, Jana,» Jake could feel his cheeks turn a little

pink. It was wonderful to see that Jana was so happy for him. He smiled at her.

Jana smiled back. She was standing right in front of him. «Oh, and I have great news, too!»

«What is it?» Jake said, still smiling.

«Maike is here! Can you believe it! It was a big surprise!» Jana was almost shouting because she was so excited.

The smile dissappeared from Jake's face. Suddenly, he felt terrible. How could Jana come running out with such a big smile and then tell him that her boyfriend Mikey was there? Was she trying to torture him? Katie had been right – he really shouldn't be friends with Jana! She had absolutely ruined his big day.

«Jake?» Jana asked innocently. «What's wrong?»

«What's wrong?» Jake echoed. He was half angry and half sad about how she could be so cruel. «You are asking me what's wrong?» It was all he could get himself to say to fill the silence.

«I thought you would be happy for me! And I thought you would like to meet Maike!» she said.

«I don't! … I just … you … we …» Jake was stuttering. 30 seconds ago he was on top of the world, he was a star! And now, it all seemed worthless. «I have to go!» he said loudly.

«But … why?» Jana looked absolutely confused now. «You don't want to say hello to Maike at all?»

«NO!» Jake shouted and looked at Jana angrily.

Then something crazy happened.

The door of the Fischer's house opened. Jake saw a girl coming through the door. A girl he had never seen in his life. She walked to the car and took some bags out of the trunk.

«Hey Maike», he heard Jana shout to the girl. The girl waved.

Wait a minute!

Jake stared at Jana. Then he stared at the other girl. What did Jana just say? That was Mikey? Mikey was a girl?

«I'm sorry that you don't want to meet Maike.» Jana said to Jake in a cold voice. She turned around to walk away.

«Wait!» Jake shouted. He still couldn't believe what had happened. Mikey was a girl! Jana didn't have a German boyfriend!

Jana looked at him. «I'm so stupid. I'm such an idiot! I'm so sorry!» he mumbled.

«What?» Jana didn't know what he was talking about.

«I thought … I thought Mikey was a boy's name. You know, like Mike, or Michael. I thought …»

«M. A. I. K. E.» Jana spelled out Maike's name. «It's not a boy's name. It's a girl's name. Maike is my best friend.»

«I'm such an idiot,» Jake repeated. «I … I thought you had a German boyfriend. I was … jealous.»

«You were jealous?» Jana said quietly. «What do you mean?»

‹It's now or never,› Jake thought for the second time that day. «I really like you, Jana. I really do.»

Jana didn't look angry now, or confused. «I like you, too, Jake,» she simply said.

Jake smiled. Before he could say anything else Jana spoke again.

«But I think we should go over there and talk to Maike now. Don't you agree?»

Jake looked over to Maike. She was trying to get a big suitcase out of the car now. It seemed very heavy.

«Hello, Maike!» he shouted happily and ran over to the car. «I'm Jake! I'm so glad to meet you! And let me help you with that suitcase!»

Jana ran after Jake, laughing happily, too.

Chapter Twenty-three – ***Der Glücksbringer***

For the next few days, Jake felt fantastic. Whenever he walked around the school, people shouted his name and gave him high fives. Just as importantly, everything seemed great with Jana. She didn't have a boyfriend! He still couldn't believe it. The only problem was that now Jana didn't have any time. Of course, she wanted to spend time with her best friend and from Germany – and the theater performance was coming up. Jana was at the drama club every afternoon. Even when she was at home, she was reading the script and practicing her lines with Maike. There was no time now for walks, movies, or finding treasures in the attic. Jake smiled to himself when he thought about their walk with Hector the dog, their hike in Chautauqua Park, and how fun it was to find the picture of the Grandmas' house. He felt a little silly when he thought about how wrong he had been about the turquoise heart on Jana's necklace. Now that he wasn't worried about a German boyfriend, he liked the necklace. And turquoise really wasn't such a bad color at all. ‹Jana must really like Maike a lot,› Jake thought next.

Suddenly, Jake had an idea. He grabbed his wallet and his jacket and went to the door.

«Where are you going, little brother?» Katie shouted from the living room.

Jake didn't feel like discussing his plans with his twin sister. After all, she had been completely wrong about Maike, too!

«Pearl Street,» Jake answered quickly as he stormed out of the house. «I have to do some shopping.»

Am nächsten Vormittag, in der Spanischstunde kurz vor der Mittagspause, saß Jana nervös an ihrem Platz. Sie hatte schreckliches Lampenfieber. Kein Wunder, schließlich war schon morgen die Aufführung! Maike hatte jeden Tag mit ihr geübt und ihr Mut gemacht, aber sie war trotzdem sehr nervös. In Gedanken ging sie immer und immer wieder ihren Text für das Theaterstück durch. ‹Hoffentlich vergesse ich nichts›, dachte Jana. ‹Und hoffentlich sage ich nicht vor Aufregung aus Versehen etwas auf Deutsch!› Dann fiel ihr etwas noch Schlimmeres ein. ‹Was ist, wenn ich mitten auf der Bühne stolpere?› Jana lief ein kalter Schauer den Rücken entlang.

«Hey, Jana», hörte sie plötzlich eine Stimme neben sich flüstern. Jana drehte ihren Kopf zu Jake.

«Are you OK?», fragte Jake, so leise er konnte. «You look like you saw a ghost!»

Jana musste ein bisschen lachen. «I'm OK», flüsterte sie zurück.

«I have something for you», wisperte Jake.

«Really?», fragte Jana vor Überraschung etwas zu laut zurück.

«Señorita Fischer? Senor Ramirez?», fragte der Spanischlehrer in diesem Moment streng.

«Auch das noch», dachte Jana. Jake versteckte sich hinter seinem Spanischbuch.

«Si?», fragte Jana vorsichtig auf Spanisch.

«Señorita, what's the problem? Is there anything you want to say to the class?», wollte der Lehrer mit ernster Miene wissen.

«No», sagte Jana und wurde rot, «there is no problem. No problema. Sorry.»

«Please be quiet then, Señorita Fischer y Senor Ramirez.» sagte der Spanischlehrer und wandte sich wieder der Klasse zu.

Schon wieder peinlich aufgefallen! Jake warf Jana einen entschuldigenden Blick zu.

«Wait for me after class», flüsterte er. Jana nickte.

When their Spanish class was over, Jake and Jana went outside together. It had snowed for weeks, but there was no snow on the ground today. The sun was shining, and although it was December, it was hot and dry like on a summer day.

«Let's sit in the grass over there,» Jake said and pointed to a spot under a big tree in front of the school.

They sat down, and Jana took a lunch box out of her bag. She opened it and started eating a sandwich.

«I thought you always ate at the cafeteria,» Jake said.

«Yeah,» Jana answered. «I ate there a lot. But then I stopped liking it. I mean, who can eat hamburgers and French fries every day?»

«I can!» Jake smiled. «That's a funny looking sandwich,» he added, «what's wrong with the bread?»

«Nothing is wrong with it!» Jana laughed. «It's German bread! Maike brought it from Germany. Do you want to try it?»

«No thanks,» Jake quickly answered. The bread looked almost black! That was too crazy for his taste. He decided to change the subject, but only a little. «First these crazy German names, now I find out you eat funny looking black bread. Germans are stranger than I thought!» he joked as he watched Jana eat.

«Well, at least we don't wear lederhosen and dirndls,» Jana joked back.

«That's good,» Jake smiled. He tried to think of something else to say.

Jana smiled back. She offered him another bite after she took one. «You sure you don't want to try some real German bread?»

«OK,» Jake replied. He took a piece of bread and tried a bite of it. «You know, it's actually not bad at all. It doesn't taste like something I would call bread, but I think I like it.»

«That's good,» Jana said, looking up at Jake as she was sitting down. «You know, there are lots of nice things in Germany that I think you would like.»

«Really? Like what?» Jake asked as he sat down next to her.

«Well, it's very pretty there, not like the Rocky Mountains, but very nice, too. And there are some cool big cities,» she said.

«Maybe you're right,» Jake replied. «I'd like to see Germany one day.»

Jake looked across the schoolyard toward the mountains, and then looked back at her. «You know, I wanted to say again that I'm so sorry about that misunderstanding with your friend Maike,» he started. «Really. I am.»

«Well, I'm just glad it's clear now,» Jana replied. «I really had no idea what was going on.»

«It was all my fault,» Jake said. «I should have known you wouldn't have acted that way … you wouldn't have been so nice to me … if you had had a boyfriend. And, you know …» Jake paused. «I thought that your necklace was a gift from your boyfriend. Because it's shaped like a heart.»

«Maike gave it to me because it's turquoise. Not because it's a heart.»

«I know that now,» Jake nodded.

«So …» Jana said with a sweet smile, «Are you glad I don't have a boyfriend?»

«Yes!» He answered at once. Then he gathered all his courage. «Would you like to have a boyfriend?»

Jana leaned over and kissed Jake on the lips. Jake kissed back. He put his arm around her. They held each other for a while.

«So that's a ‹yes›?» Jake asked, only half-joking.

Jana nodded and smiled. She looked beautiful to Jake with the clear Colorado sun shining on her face.

«I still can't believe Maike is a girl's name!» Jake said. Jana laughed and pushed him back playfully. «I always knew German was a crazy language!» Jake continued to joke. Jana kissed Jake one more time.

Jake remembered the gift he wanted to give to Jana, so he changed the subject again. «So, the play is on tomorrow!» he said. «Are you excited?»

Jana looked at him. «I'm very excited. And nervous! What if I forget my lines?» She looked at Jake. «I'm sooooo nervous!»

«I think you'll be great. And I'll cross my fingers for you.» He paused for a moment. «I mean, I'll press my thumbs the crazy German way!»

Jana laughed.

«And I also have something for you», Jake continued and took a small box out of his pocket. He handed it to Jana. «It's a lucky charm.»

Jana betrachtete das Kästchen, das Jake ihr gegeben hatte. «What's a lucky charm?», fragte sie, bevor sie es öffnete.

«It's for a good luck», antworte Jake. «For the play!»

Ein Glücksbringer also! Gespannt hob Jana den Deckel von der kleinen Schachtel.

«Oh! It's so pretty!», strahlte Jana und fiel Jake um den Hals. «Thank you!' Sie hielt einen schmalen silbernen Armreif in der Hand, an dem viele kleinere und größere türkisfarbene Steinchen funkelten.

«I thought it would look good with your necklace», Jake grinste.

«It's perfect!», sagte Jana überglücklich und schob es über ihre Hand. «Where did you find it?»

«I looked around on Pearl Street», berichtete Jake. «I don't normally like shopping, but shopping for you was fun.»

Jana umarmte Jake gleich noch einmal. «It's the nicest bracelet I've ever seen», sagte sie. «I'll wear it every day now!» Jake wurde vor Freude ein bisschen rot und hätte Jana am liebsten gar nicht mehr losgelassen.

Jana ging es genauso. Sie kuschelte sich an Jakes Schulter und hätte den ganzen Tag so im Schatten des Baumes sitzenbleiben können. Sogar ihr Lampenfieber hatte Jana für einen Moment vollkommen vergessen.

Dann aber spürte sie urplötzlich einen eiskalten Wasserstrahl auf ihrem Rücken. Und auf dem Kopf. Und eigentlich überall. Jana schrie vor Schreck auf und versuchte, so schnell wie möglich ins Trockene zu gelangen. Auch Jake sprang fluchend auf.

«The sprinklers!», rief er, «the sprinklers went on!» Er schnappte seinen Rucksack vom Rasen und lief hinter Jana zurück auf den geteerten Weg.

Von hieraus sah Jana, dass auf der ganzen Wiese und auch auf den Grünstreifen neben der Straße aus regelrechten Fontänen Wasser schoss, mit dem das Gras vor dem Austrocknen geschützt werden sollte. Gesehen hatte Jana diese Rasenbewässerungsanlagen, die jeden Tag mehrmals wie von Geisterhand ansprangen, schon überall in Boulder. Sie war allerdings bisher noch nie von einer so überrascht worden!

«Look at us!», grinste Jake. Er schüttelte das Wasser von seinem Rucksack und versuchte, sein T-Shirt mit einer Hand auszuwringen.

«I can't believe the sprinklers went on», sagte Jana kopfschüttelnd «It's hot today – but it's December! It snowed yesterday, and it might snow tomorrow!»

«That's Colorado», lachte Jake.

Jana strich ihre nassen Haare aus der Stirn. Dabei fiel ihr Blick wieder auf ihren neuen Armreif. Zum Glück hatte ihm die kalte Dusche nicht geschadet. Die türkisfarbenen Steinchen glitzerten und funkelten in der Sonne, und Jana war es plötzlich ganz egal, dass sie tropfnass vor der Schule stand.

Kapitel Vierundzwanzig – ***Crazy days***

Während Jana an den Vormittagen in die Schule musste, konnte Maike in Ruhe ausschlafen. Heute aber, an Janas großem Tag, war auch sie schon früh wach. Den ganzen Morgen probten die beiden Freundinnen wieder und wieder Janas Auftritt.

«Oh Mann, Maike», seufzte Jana, «ich bin so nervös! Ich mache sicher alles falsch!»

«Es läuft bestimmt alles perfekt», versuchte Maike ihre Freundin zu beruhigen.

«Und außerdem bist du eine echt gute Schauspielerin! Da kann doch gar nichts schief gehen!»

«Danke, das ist echt nett, dass du das sagst» sagte Jana gequält, «aber ...»

«Kein aber! Dein Auftritt wird sicher super! Oder meinst du, ich bin extra aus Deutschland angereist, um mir ein schlechtes Theaterstück anzugucken?»

Jetzt musste Jana doch lachen. «Na gut», sagte sie. «Ich hoffe, du hast recht.» Dann schaute sie auf die Uhr. «Ich muss los – der Bus kommt gleich! Du kommst nachher mit meinen Eltern mit dem Auto nach – seid bloß pünktlich!»

«Wir kommen pünktlich», versprach Maike, bevor Jana aus dem Zimmer rannte. «Und Hals und Beinbruch!»

When Jana arrived at the school, most of the drama club members were already there. Some actors were putting on their costumes, others were sitting quietly in a corner, reading their lines again and again. Tommy, the director, was walking around the stage busily.

The big auditorium was filled with chairs: rows and rows of

seats for the students, teachers, and parents that would come to see the play. Jana thought that the room looked even bigger than before. There would be so many people! And everyone would be watching her … Jana saw Tommy and noticed that for the first time, he looked stressed.

«We need more lights!» Jana heard him tell the lighting crew impatiently.

«Where are the people in charge of make-up?» he asked nervously. «Has anyone seen the make-up people?»

Tommy then turned to the actresses and actors. «Does everyone have their costumes?» he shouted. He looked around and spotted Jana. «You have more costumes changes than everyone else together, Jana. Did you double-check to make sure all your costumes are there?»

«I checked yesterday, but I'll check again,» she said, glad she had something to do. She went to the dressing room behind the stage. This is where all the theater outfits were kept. She counted, and all her costumes where there. It was only an hour now until the performance, so Jana decided to put on her first outfit.

«OK, everyone, listen up,» Tommy told all the actors and actresses. Everyone had gathered backstage for a last-minute talk. «The curtain opens in ten minutes,» Tommy continued. «I need everyone right here, behind the stage, ready for their entrance!»

Jana was so nervous now that she couldn't stand still. She

almost couldn't concentrate on Tommy's words. All she could think of was her lines.

«The house is packed,» Tommy continued. «We sold every single ticket! So – we better do our best out there on stage!»

Tommy's talk was making Jana feel even more uneasy, and she had a funny feeling in her stomach now.

«Where is Jana?» Tommy asked that moment.

«Here,» Jana said in a very small voice.

«You're the first to go out on stage,» Tommy reminded her. «Make sure to speak loudly!»

Jana nodded. «OK,» she said almost as quietly as before. She could tell that her knees were shaking.

Tommy kept on talking for another few minutes. He still had a lot of tips for everyone.

«Five more minutes now,» he said and looked at all his actors and actresses one last time. «Good luck everyone, or as we theater people say: break a leg!»

Mit zittrigen Knien stand Jana am Eingang zur Bühne und spähte durch den Vorhang. Noch war der Zuschauerraum hell erleuchtet und Jana entdeckte Jake sofort: Er saß in der ersten Reihe, genau in der Mitte, und guckte schon jetzt erwartungsvoll zur Bühne. Jana ließ ihren Blick weiter über das Publikum wandern. Hinten links sah sie ihre Eltern. Und daneben saß Maike. Gerade war ihr Vater aufgesprungen und winkte Katie zu, die wie immer spät dran war und noch nach einem Platz suchte. Jana sah, wie Katie sich dankbar auf einen der letzten freien Stühle neben Maike fallen ließ und sie sofort in ein Gespräch verwickelte. Jana merkte plötzlich, dass sie einen Kloß im Hals hatte. Nicht nur Jake, sondern auch Katie, ihre Eltern und sogar Maike waren heute Abend extra für sie gekommen. Sie alle waren hier, um ihr, Jana, die Daumen zu drücken.

«One minute, Jana», hörte sie Tommy hinter sich flüstern.

Das Licht im Saal ging aus. Die Gespräche verstummten. Irgendjemand hüstelte. Dann wurde es ganz still. Auf einmal war Janas Lampenfieber verflogen. Ihr Herz klopfte laut, doch sie fühlte sich ruhig und sicher.

Langsam öffnete sich der Vorhang. Jana tastete noch einmal nach dem Armreif an ihrem Handgelenk. Dann holte sie tief Luft und trat hinaus ins helle Scheinwerferlicht.

Stefanie Schulz, Jahrgang 1978, studierte Englisch in Göttingen und den USA, bevor sie 2003 Deutschlehrerin an einer amerikanischen Universität wurde. Dieser Job brachte sie auf die Idee, eine deutsch-englische Geschichte zu erzählen. Gerade hat sie ihre Doktorarbeit über amerikanisches Theater abgeschlossen.

Daniel Quinlan, geboren 1979 in Chicago, studierte Physik und arbeitete als Lehrer, Übersetzer und DJ in den USA und Deutschland. Seine Koautorin lernte er 2000 auf einem deutsch-amerikanischen Austausch kennen. Seit 2005 ist sein Wohnsitz Göttingen, wo er für seine Doktorarbeit Laser baut.

Bereits bei rotfuchs von ihnen erschienen:
«See you – im nächsten Sommer» (21352)
«See you again – mit Herzklopfen» (21378)